人人都能读懂

老子

薛挺 ◎ 编著

九州出版社
JIUZHOUPRESS

图书在版编目（CIP）数据

人人都能读懂老子 / 薛挺编著. — 北京：九州出版社，2017.9

ISBN 978-7-5108-5957-1

Ⅰ. ①人… Ⅱ. ①薛… Ⅲ. ①道家 ②《道德经》—通俗读物 Ⅳ.①B223.1-49

中国版本图书馆CIP数据核字（2017）第239429号

人人都能读懂老子

作　者	薛　挺　编著	
出版发行	九州出版社	
地　址	北京市西城区阜外大街甲35号（100037）	
发行电话	（010）68992190/3/5/6	
网　址	www.jiuzhoupress.com	
电子信箱	jiuzhou@jiuzhoupress.com	
印　刷	北京天宇万达印刷有限公司	
开　本	880毫米×1230毫米　32开	
印　张	7	
字　数	98千字	
版　次	2017年10月第1版	
印　次	2017年10月第1次印刷	
书　号	ISBN 978-7-5108-5957-1	
定　价	39.00元	

目录

前　言
道德经常用字解释

老子其人

老子（约公元前 571 年～公元前 471 年），字伯阳，谥号聃，又称李耳（古时"老"和"李"同音；"聃"和"耳"同义）。

在司马迁《史记·老子韩非列传》里面有一段记载：老子者，楚苦县厉乡曲仁里人也，姓李氏，名耳，字摐，周守藏室之史也。孔子适周，将问礼於老子。老子曰："子所言者，其人与骨皆已朽矣，独其言在耳。且君子得其时则驾，不得其时则蓬累而行。吾闻之，良贾深藏若虚，君子盛德容貌若愚。去子之骄气与多欲，态色与淫志，是皆无益於子之身。吾所以告子，若是而已。"孔子去，谓弟子曰："鸟，吾知其能飞；鱼，吾知其能游；兽，吾知其能走。走者可以为罔，游者可以为纶，飞者可以为矰。至於龙，吾不能知其乘风云而上天。吾今日见老子，其犹龙邪！"老子修道德，其学以自隐无名为务。居周久之，见周之衰，乃遂去。至关，关令尹喜曰："子将隐矣，强为我著书？"于是老子乃著书上下篇，言道德之意五千余言而去，莫知其所终。

盖老子百有六十余岁，或言二百余岁，以其修道而养寿也。自孔子死之后百二十九年，而史记周太史儋见秦献公曰："始秦与周合，合五百岁而离，离七十岁而霸王者出焉。"或曰儋即老子，或曰非也，世莫知其然否。

根据司马迁这段记载说，"老子"是楚国苦县的人，住在苦县厉乡的"曲仁里"街道，他姓"李"，名为"耳"，字称"摐"，有名、有字、有姓、有籍贯，还当过"周王朝"的"国家图书馆馆长"，大约跟孔丘生活在相同时代，这是比较明确的一个说法。当然，也有人不相信司马迁说的这些话，那么你就得证实其他情况，是老莱子或是太史儋呢？或者就要考证出其他人来，不然的话，没办法。

另外，司马迁还对老子"李耳"与孔丘的一段奇遇做了描述，他说：孔子到周朝考察"周礼"，要向老子咨询有关"周礼"之盛况和遗迹，大约因为老子李耳是"国家图书馆馆长"嘛，比较了解有关情况。李耳就跟孔丘说："小伙子啊，你所查询的事迹，包括那些人和遗迹都已经腐朽消散了，只有一些相关言论还在流传。况且，有志气有能力者获得机会的话可以驾驭推行，如果没有获得那种机遇，就要根据形势采取措施和行动。我听说过，经验丰富的商家都深藏若虚，财不外露、谋不轻出。有志气有能力者都显得平平常常、大智若愚。要抛弃你那些傲慢骄矜习惯和过分肆意的欲望，以及那些不正确的态度和胡思乱想。这些东西对你自身都是没有什么益处的。我之所能告诉你的，也只有这些话而已。"孔子回到鲁国后，告诉他弟子们："对鸟儿，我知道它能飞。对鱼儿，我知道它能游。对野兽，我知道它能跑。对跑的可以用网罗，对游的可以用线钓，对飞的可以用箭射。对于龙，我就没法知道它乘风云而上天那些事啦。今天我遇见老子，他就仿佛像龙一样见首不见尾的啊！搞得我莫名其妙的。"这段历史故事，讲述老子和孔子之间的奇遇，但故事真实与否，司马迁也没有断定。

  然后，司马迁对老子情况做了点介绍，又说了几种可能性：老子专门研究"道、德"之学，这种学问是以"自隐无名"为要务，一是别人不知道内在核心是什么东西，二是没有明确无误地议论阐释。老子在周朝住了很久，看见周朝逐渐走向衰落，于是就离开了。老子经过边境检查站，遇到了"海关关长"尹喜，尹喜说："您即将远行隐居了，希勉强给我写点什么东西留下来吧？"可能老子也担心被扣留，于是就写了上下两篇文章，论述了"道"与"德"的主要含义，总共五千多字，然后就走了，也不知道老子最后结局如何。

  还有人说老子大概活了 160 多岁或者 200 多岁，因为他修道而得以延年益寿。在孔子死后 129 年，周太史"儋"这个人去见秦献公时预言："在先前的时候秦国与周朝会相互联合，联合 500 年以后会分裂，分裂 70 年就会有称霸的王者出现。"或许这个周太史"儋"就是老子，或许不是，反正没有谁知道这究竟是怎么回事。

老子《道德经》思想简介

1.《老子》是什么书?

《道德经》简称《老子》,据说这本书是我国古代东周时期执掌皇室图书馆的人传授下来的,那时候皇室图书馆要收藏很多关于天文地理、国政大事、民生风俗、农时气候以及讨伐争战等等方面的资料。《老子》这本书就主要是关于古代国政大事讨论研究的古籍资料,但是现在的人们,早就不知道这究竟是一本什么书了。

有人说《老子》是"神仙家"书,为什么是"仙书"呢?因为中国土生土长的宗教"道教"就以《老子》一书作为根本的宗教经典,也尊称"老子"为"太上老君",其更被尊奉为道教的教主,说《老子》是"神仙家"书也有其道理。道教产生在东汉末年之后,把《老子》的哲学本体论思想推演变化,形成了宗教哲学理论依据,对推广《老子》思想有很大作用,立下汗马功劳。

有人认为《老子》是一部兵书,因为该书对战争与用兵等都有不少描述,比如:"以正治邦,以奇用兵,以无事取天下。使十百人之器毋用，使民重死而远徙。有车舟无所乘之，有甲兵无所陈之，使民复结绳而用之。夫慈，以战则胜，以守则固。善为士者不武，善战者不怒，善胜敌者弗与，善用人者为之下，是谓不争之德。用兵有言曰：吾不敢为主而为客，吾不进寸而退尺。以道佐人主，不以兵强于天下，其事好还。君子居则贵左，用兵则贵右，故兵者非君子之器也。兵者不祥之器也，不得已而用之，铦袭为上，勿美也！将欲拾之，必古张之。将欲弱之，必古强之。"如此等等，说它是兵书，也有一定道理。

有人说《老子》是一部国家政治哲学，因为它论述了许多为政之道，对国家政治权力的运用有不少见解，比如它说："道恒无为也，侯王若守之，万物将自化。知人者知也，自知者明也。胜人者有力也，自胜者强也。知足者富也，强行者有志也。天地相合，以逾甘露，民莫之令而自均焉。天下神器也，非可为者也。为者败之，执者失之。若何万乘之王而以身轻于天下？轻则失本，躁则失君。是以圣人执一，以为天下牧。不自视故彰，不自见故明，不自伐故有功，不自矜故能长。

绝圣弃智，民利百负；绝计弃虑，民复季子；绝巧弃利，盗贼无有。天下之道，犹张弓者也。高者抑之，下者举之，有余者损之，不足者补之。勇于敢者则杀，勇于不敢则栝。江海所以能为百浴王者，以其能为百浴下，是以能为百浴王。含德之厚者，比于赤子。"如此等等。

有人说《老子》是一本修身养性、讲究养生之道的书，因为《老子》论述了人生修养，比如："上德不德，是以有德。下德不失德，是以无德。万物负阴而抱阳，中气以为和。名与身孰亲？身与货孰多？得与亡孰病？甚爱必大费，多藏必厚亡。罪莫大于可欲，祸莫大于不知足，咎莫惨于欲得。学者日益，为道者日损。圣人恒无心，以百姓心为心。修之身，其德乃真；修之家，其德有余；修之乡，其德乃长；修之邦，其德乃丰；修之天下，其德乃博。"如此等等，对人生处世有很大指导意义。

有人认为《老子》是一本武学指导之书，对古代气功、武术等有精辟论述，比如"天下之至柔，驰骋于天下之至坚。盖闻善执生者，陵行不避矢虎，入军不被甲兵。既得其母，以知其子，复守其母，没身不殆。

坚强者，死之徒也。柔弱微细，生之徒也。天下莫柔弱于水，而攻坚强者莫之能胜也。浴神不死，是谓玄牝。玄牝之门，是谓天地之根，緜緜呵若存，用之不堇。戴营魄抱一，能毋离乎？抟气致柔，能婴儿乎？"如此等等，所以也被奉为武林奇书。

有人说《老子》是一本中国古代讲究哲学原理和辩证法的书，论述了哲学本体论和哲学辩证法，比如："道可道也，非恒道也。名可名也，非恒名也。无名万物之始也，有名万物之母也。有无之相生也，难易之相成也，长短之相形也，高下之相盈也，意声之相和也，先后之相随也，恒也。道盅而用之有，弗盈也。潚呵，始万物之宗。三十辐共一毂，当其无有，车之用也。燃埴为器，当其无有，埴之用也。凿户牖，当其无有，室之用也。视之而弗见，名之曰微。听之而弗闻，名之曰希。揗之而弗得，名之曰夷。三者不可至计，故困而为一。有物昆成，先天地生。繡呵缪呵，独立而不垓，可以为天地母。昔之得一者：天得一以清，地得一以宁，神得一以灵，浴得一以盈，侯王得一以为天下正，其至之也。无有入于无间，吾是以知无为之益。

不言之教，无为之益，天下希能及之矣。"如此等等。《老子》确立了古代哲学本体论概念和规律论概念，对中国古代哲学有巨大贡献，说它是中国古代讲究哲学原理的书，也很有道理。

还有心怀鬼胎的人说《老子》是搞阴谋诡计的"厚黑学"；是古代帝王的"君人南面术"；是中国古代先贤圣人之学，如此等等，不一而足。

第谷·布拉赫，丹麦天文学家，被称为近代天文学的奠基人，是开普勒的老师。第谷一生以肉眼观察天象，在天文史上以观测精密而出名，非常勤奋、辛苦，却没有大的建树，为什么呢？因为他心中怀揣着"地球中心说"。他的弟子开普勒怀揣着"日心说"，以第谷观察天像的资料，发现了行星的三大运动定律，为哥白尼的"日心说"提供了有力的证据，也成就了他自己——约翰尼斯·开普勒。《老子》就像浩瀚的宇宙，也像一面照妖镜！怀揣着邪恶的人，读出来的就是邪恶；怀揣着善良的人，读出来的就是善良；怀揣着欺骗的人，读出来的就是欺骗；怀揣着诚信的人，读出来的就是诚信；怀揣着私欲、权力、名利的人，读出来的就是玩弄权术、阴谋诡计；牵挂着天下百姓的疾苦、关注着万物生存繁衍的人，才能真正读懂老子。因为老子就是心系天下，真正关爱万物的人。

综上所述，可以把《老子》看作是经天纬地的"经世致用"之学，包罗万象、无所不容。大到宇宙天体，小到细胞、原子、粒子，看得见的万物和看不见的规律、思想等等。既涉及政治、民生、军事，也涉及哲学的宇宙观、人生价值观，还涉及人生修养等等。老子要人们辨别真伪、去伪存真，忠守正确的思想、信仰，选择正确的人生道路。还要人们节俭地去生活，不破坏地球万物生存的环境，从而维持天地万物的平衡。

像哥白尼、牛顿、爱因斯坦等等这些科学家，他们其实都是在讲"道"。他们的理论也只能"正确"一段时间，也就几百年。他们能够做到永远正确吗？都没有做到！所以老子在2000多年以前就告诉我们"道可道也，非恒道也"。任何一个人都可以讲道，就看你所讲的"道"能不能得到大多数人的认同，是否接近于天道、接近于自然之道。在所有的这些思想家、哲学家之中，只有老子一开始就明确地告诉我们：不要执着于文字、固化思维。天地时刻在动，不敢停止，也不能停止，所以道是活的、它不是死的。但是人的语言和文字一旦说出来、写下来就固化成"僵死"的状态。我们要通过学习这些固化、僵死的语言、文字，让它们到了我们的心里面再活起来。这才是学习老祖宗智慧的真正目的。

中华民族从黄帝、炎帝、尧、舜、禹，到老子为我们留下五千言的"道德经"，道家思想一脉相承，从未间断。在汉朝被称为黄老学说。这种思想在老子以前没有具体的名称，所以老子曰："吾未知其名，字之曰道，吾强为之名曰大。"老子为什么要留下五千言让后人去了解"道"呢？因为有些人越来越堕落、残暴、贪得无厌。从道德、仁义、礼法一路沦落下来，离正道越来越远，背道而驰、逆天而行。表现和结果是：全球变暖、雾霾、环境破坏、物种灭绝。人与人之间为了争夺资源相互欺骗、尔虞我诈、相互伤害，国与国之间不停战争。

人类在地球上生存了几万年、几十万年、几百万年？不得而知。冷兵器时代战争过后用不了几年人们就恢复了正常生活，因为那时地球环境这个根基没有被破坏。但是看看现在的人类所处的地球环境，环境破坏却越来越严重。一些贪得无厌的人为了获取最大的私利，通过广告鼓励、诱惑老百姓纵欲、多消费，实际上就是鼓励人们多排放二氧化碳，多破坏环境。一手举起纵欲、鼓励消费的大旗，一手举起保护环境、青山绿水的大旗。也许现代人太厉害了，科学技术太强大了，真能实现鱼和熊掌兼得、两全其美的美梦。老子所倡导的无为，一曰慈、二曰俭、三曰不敢为天下先，就是要人们顺应自然，过节俭的生活来保护环境，维护万物的生存繁衍，让人类和其他物种都能实现长生久视。

有人说老子的思想过时了，不适合现在的时代了。克罗狄斯·托勒密的"地心说"，指导欧洲农业文明1400年，也正确了1400年左右。尼古拉·哥白尼的"日心说"正确了400年左右。牛顿的"万有引力"思想学说，正确了不到200年。爱因斯坦的"相对论"正确了不到100年。爱因斯坦在活着时就说："我的学说只是一个短命的过渡。"英国哲学家波普尔，在他的证伪主义里是这样定义科学的，他说："凡是能够证明是错误的学问就叫科学。"300多年现代科学技术的发展，给人类的感觉是：有些科学技术给人带来便利的同时，也产生了一些负面问题，比如环境。

　　人类通过科学技术造出了飞机、汽车、手机等等有形体的器物，方便了人们的生活。老子说："有之以为利，无之以为用。"当一个人由于疾病躺在病床上生命垂危的时候，汽车、手机、金银珠宝这些东西还对这个病人有多大意义？老子说："得与亡孰病。"老子的思想就是保护环境，让人类和其他物种都能够实现长生久视。不知谁能从内心完全否定老子的思想？当然人要睁着眼睛说瞎话、强词夺理，谁拿他也没办法。人类为了一时的便利，却对环境造成长久的破坏，比如：大街上、市场上到处都是塑料袋，人们用着很方便，但用一次就扔了，大自然无法腐化它。还有很多广告纸，人们看都不看就扔了。塑料垃圾、电子垃圾、建筑垃圾等等也数不胜数。制造它们要消耗多少土壤资源、水和氧气？用过以后变成垃圾又要消耗多少能源来处理它们呢？

保护环境是当今人类面临的最大问题，刻不容缓。所以说，老子的思想同样适用于当今世界，以后也会伴随万物长生久视！

"道德经"常用字解释

正：何为正？就是规规矩矩生活在天地之间，不去破坏地球环境。看"正"这个字，几千年了都这样写：上面一横代表"天"，下面一横代表"地"，中间是"步"的上半部分，代表人生活、行走在天地之间。《黄帝内经》有这样一段话："中古之时有至人者，淳德全道、合于阴阳、调于四时、去世离俗、积精全神，游行天地之间，视听八达之外，此盖益其寿命而强者也，亦归于真人。"重点在"游行于天地之间"。

道：何为道？看老子怎么说"有物昆成，先天地生""天下之物生于有，有生于无；道生一、一生二、二生三、三生万物""两者同出，异名同谓""道沨呵，其可左右也""道：恒、无、名、楃、唯、小""道'盅'而用之有，弗盈也""道者，万物之注也"。道生了一切万物，有形体的万物和万物遵循的规律都属于道。

有形万物玄妙的背后，无形的规律在引导它。道者，万物进住的地方。道"蓄势待发"因而万物用的时候才会有，去伪存真地去满足万物。"道"无处不在，就在我们身边。

德：古体字（参见帛书、楚简《老子》图版）中，并没有一横。也就是说古"德"字，并不是从彳、从直、从心，而是从彳、从十、从目、从心。直，正见、直视。目，是指观察，观察却不一定是直视。所以"德"字，可以理解为"直视前方之道路，顺道而行"。更细致的解释是：正视前方的道路，经过你的内心思考、判断它的正确性以后，顺天道而行。知北游先生认为，"悳"字中的"直"，甲骨文就是从"丨"、从"目"，"丨"后来在中间加点或横笔为饰笔，后来隶定为"十"，甲骨文数字"十"都是这么个写法。多一横与少一横（指心之上），只不过是隶定的不同而已。综合以上，依天道而行就叫德，顺着自然之道去生活，不破坏环境，不缺德冒烟就叫德。

仁：分"大仁大爱"和"偏爱"两种意思。天地对万物没有偏爱，一视同仁。

恒：恒久、长久、一直、永远。

极：极限、顶点、最高、最远、最久。

无：无形的存在。看不见的基本粒子、电波、光波、能量，还有思想、规律、人类的行为规范都属于"无"，另一个意思是没有。

有：存在，看得见的万物，有形体的存在。

玄：玄妙、玄机，"有之玄"有形万物的玄眇，"无之玄"无形规律、思想等等的玄眇。

玄德：有形万物非常玄眇，有形万物依天道生存、生活就叫"玄德"。

无为：忠守正确的信仰、顺应自然规律的生活方式，对正确思想、信仰的作为，不以一己私心胡作非为、顺自然而为。

无事：顺应自然之道生活，而不以一己之心生出种种事端去迷惑人，不引诱人去纵欲、不去破坏环境，做传播正确思想、正确信仰的事。

圣人：原文中有两种，声人和圣人。声人：指发布命令、教化别人的人。圣人就是圣人，遵循自然之道，保护环境之人。

善：1.善良；2.善于；3.好像；4.适合、适于。

殆：古通怠，倦怠。人在疲倦时遇到危险无力躲避，所以很危险，容易受到伤害。

楃（wū）：本意是木头建的房屋。五千言中主要指心灵之屋和信仰的意思，还有外在财富的意思。

夫：原意指男人，这里指没有得道的男人。包括无道的昏君、无道的王侯将相、无道的莽夫、世俗男人。

毋：不、不要。和"不"的区别是：事物、物体本身没有坏，但是不要用它，使用"毋"字。"不"字除了'不用'的意思外，还有事物、物体本身已经坏了所以不能用。用"毋"字是理性思维。

莫：读（mò）时，是不、不要、没有的意思。读（mù）时，古同"暮"，太阳落山后叫"暮"。古时没有电灯，太阳一落山人们活动就少了，准备休息。意指人"入静"后认真思索、感悟。

弗：看字形，一撇代表一个人，一竖代表一根柱子，人被绑在柱子上，为什么被绑？犯了错误或者被冤枉。犯了错误就要改正错误、矫枉过正，也就是去伪存真。没犯错误就是无缘无故被绑。所以弗字有以下几个意思：1. 不；2. 不一定；3. 无缘无故、莫须有、不必要；4. 去伪存真；5. 正确。

孤、寡、不穀：孤单、寡欲、不积蓄财富。穀，同谷。过去粮食代表财富。更深刻的含义是孤单、寡欲、不食人间烟火。

成功遂事：功，是功夫、辛劳的意思，遂，是称心、如意、成就某事的意思。是"道"在成就民众的辛劳，完成延续民众期望之事。

学说：把自己的思想、心中所想说出来后，有人认同，愿意学习这种思想，就叫学说。

道论

第一章　有玄无玄

【繁体原文】

道可道也，非恒道也。名可名也，非恒名也。無名萬物之始也，有名萬物之母也。故恒無欲也，以觀其眇。恒有欲也，以觀其所噭。兩者同出，異名同謂。玄之有玄，眾眇之門。（引自《帛書〈老子〉甲本》《帛書〈老子〉乙本》互补、合校）

【简体】

道可道①也，非恒道也。名可名②也，非恒名也。无名万物之始也，有名万物之母也。故恒无欲也，以观其眇③。恒有欲也，以观其所噭④。两者同出，异名同谓⑤。玄之有玄，众眇之门。

【注释】

①道：讲、说的意思。

②名：命名的意思。

③眇：玄妙、奥妙。

④噭（jiào）：吼叫、动静。

⑤谓：称谓。

【正解】

道可以讲，但由于人类语言的局限性，不能完全解释、描述宇宙万物永恒存在的道。万物的名称我们可以给它命名，但也不是恒久不变的名称。无，可以称为万物的开始；有，可以称为万物的本原。所以一直没有太多的世俗之欲，才有时间、精力观察感悟万物的玄妙，长久的对有形万物了解的欲望，才会去观察他们发出的动静。无和有两者同出于道，不同的名称人们常常一起讨论，有形万物玄眇的背后是无形的规律在引导运作，有之玄和无之玄为我们打开一扇扇万物奥渺之门。

【助解】

有玄无玄：道生一，一生二，二也可以称为有之玄和无之玄。有无相生造就万物。

恒道：永恒存在的万物，永恒存在的规律。像日出日落，万物的生生灭灭等等。

以观：以自己的身心观察、感悟万物的玄妙。五千言中"以"之后都有具体的事物，要细致地理解。

故恒无欲也：可以这样理解，所以长久的对"无"了解的欲望，以自己的身心观察、感悟它的玄妙。

第二章　先后相随

【繁体原文】

天下皆知美，為美，惡已；皆知善，訾不善矣。有無之相生也，難易之相成也，長短之相刑也，高下之相盈也，意聲之相和也，先後之相隨，恒也。是以聲人居無為之事，行不言之教。萬物作而弗始也，為而弗志也，成功而弗居也。夫唯弗居，是以弗去。（引自《帛书〈老子〉甲本》《帛书〈老子〉乙本》互补、合校）

道 论

▽

【简体】

天下皆知美，为美，恶已；皆知善，訾①不善矣。有无之相生也，难易之相成也，长短之相刑②也，高下之相盈也，意③声之相和也，先后之相随，恒也。是以声人居无为④之事，行不言之教。万物作而弗⑤始也，为而弗志也，成功而弗居也。夫唯弗居，是以弗去。

【注释】

①訾（zī）：从此、言，意指此言说出口教化别人，自己不去实行的空洞说教。

②刑：工具，如古时对犯人上大刑，就是用工具折磨人。

③意：本意、内心之意。

④无为：顺应自然、正确的作为。

⑤弗：去伪存真、合适、正确。

【正解】

天下人都知道美能给人带来好处，所以人为地去制造美、包装丑的事物，以达到美而去获取利益，这是在作恶。都知道善，此言说出来教化别人，自己却不做善事，不是真正的善。有和无相伴而生、相生相克。做难事的人和做简单事情的人都有成就感。长的物料和短的材料都利用起来，做成工具，不浪费。领导和老百姓都对社会满意。人的本意和说出来的话相合，也就是不说谎话。祖先怎么行于大道之上的，我们后人就应该跟随他们的足迹去生活。这些是恒久不变的优良传统。所以发布命令、教化别人的人一定要去伪存真地去传播正确的思想，身体力行而不是用空洞的说教去命令别人。万物兴起要有一个正确的开始。想有所作为，首先要有一个正确的志向。成功之后要选择一个正确、合适的位置。人一生只有去伪存真地去做事，选择正确的人生道路，才能做到人虽然离去，但他的思想、言行还在影响后人。

【助解】

先后相随：我们的祖先是很有智慧的，但是我们的祖先没有把智慧用在破坏地球环境上，也没有用在让人们纵欲上。如黄帝，他有很高的智慧，他把智慧用在教人们如何保养身体，以达到长生久视。所以我们后辈也应该向他们学习，把智慧用在如何才能保护地球环境，如何才能养护自己的身体，以达到人类和万物都能实现长生久视。

第三章　不见可欲

【繁体原文】

不上賢，使民不爭。不貴難得之貨，使民不為盜。不見可欲，使民心不亂。是以聖人之治也，虛其心，實其腹，弱其志，強其骨，恒使民無知、無欲也。使夫知不敢，弗為而已，則無不治矣。（引自《帛書〈老子〉甲本》《帛書〈老子〉乙本》互補、合校）

【简体】

不上贤①，使民不争。不贵难得之货，使民不为盗。

不见^②可欲，使民心不乱。是以圣人之治也，虚其心，实其腹，弱其志，强其骨，恒使民无知、无欲也。使夫知不敢，弗为而已，则无不治矣。

【注释】

①贤：贤能、有才华、好表现的人。

②见（xiàn）：表现、呈现。

【正解】

不推崇有才能的人，使民众不争斗；不人为地推高难得之货的价值，使民众不偷盗；不故意显现能引起人们欲望的东西，使民众的内心不迷乱。所以圣人治理天下的方式是：教育民众吃饭七分饱，以正确的思想、信仰充实他们的心腹；削弱人们无益的志向，强壮民众的筋骨，使民众能恒久地忠守正确的信仰和正确的知识，遵循自然规律去生活，有节制地满足自己的欲望。使无道的人，知道天下还有"不敢"二字，去伪存真地工作生活，这样天下就没有治理不好的。

道 论
▽

【助解】

不见可欲：不故意显现能引起人们欲望的东西，也就是不做对人类、对万物有害的广告。

"虚其心、实其腹"何为心？人们胃不舒服，吃不下饭时叫"恶心"，为什么不叫"恶胃"呢？虚其心，这里应理解为：吃饭七分饱。整个胸腔上部心口窝周围为广义的"心"，肚脐周围为腹。有几句成语：才高八斗、学富五车、满腹经纶。实其腹：就是以正确的信仰、思想充实自己的心腹。让老百姓吃饱饭、填饱肚子这样简单的思维，用不着老子大费周章地去讲。

王侯将相过的是"豪门酒肉臭"的生活，普通百姓过的是"路有冻死骨"的生活。把"虚其心、实其腹"理解成：使人们谦虚、填饱肚子，是站在"王侯将相"的立场上治理老百姓；把"虚其心、实其腹"理解成：吃饭七分饱，正确的思想充实自己心腹，是站在旁观者的立场上提醒"王侯将相"和老百姓，面对欲望要适可而止，身体才会健康，生命才能长寿。

　　老子那个时代要民众没有知识，是根据当时的情况做出的见解。因为那时识字的人不多，在当今社会让民众没有知识是行不通的。只有让民众判断何为正确的知识，践行正确的知识。遵循自然之道节俭地生活，才能解决我们当前面临的环境问题。

第四章　蓄势待发

【繁体原文】

　　道盅而用之有，弗盈也。潇呵，始萬物之宗。銼其銳，解其紛，和其光，同其塵。湛呵，始或存，吾不知誰之子也，象帝之先。（引自《帛书〈老子〉甲本》《帛书〈老子〉乙本》《〈道德经〉通行本》（王弼本）互补、合校）

【简体】

　　道盅①而用之有，弗盈也。潇②呵，始万物之宗。銼其锐③，解其纷，和其光，同其尘④。湛⑤呵，始或存，吾不知谁之子也，象帝之先。

【注释】

①盅：上部中空、下部实密像不倒翁，意指蓄势待发。

②潚（sù）：深远而清澈。

③锐：尖锐、锐利。甲本原作，门里面一个"兑"字。

④尘：意指行踪、轨迹、道路。

⑤湛（zhàn）：博大而幽深。

【正解】

道是蓄势待发的，因而万物用的时候才会有，去伪存真地满足万物。深远而清澈啊，好像是万物的本源。削磨他们的尖锐好斗，化解他们的纷争，调和他们的光芒，一同让他们行进在自然之道上。博大而幽深！万物开始时它就存在了。我不知道他是谁的儿子，似乎是先帝的祖先。

【助解】

八十一章中除了这一章，还有七十六章的"死囚人权",这两章的标题没用原文。

蓄势待发:宇宙中的天体都在做匀速运动,这就是蓄势待发。不像有些人类那样求快、盲目、急功近利式的发展。求快、盲目、急功近利式的发展其实就是破坏。

因为"道"是蓄势待发的,才有下一章的:动而俞出。

锉其锐:削磨他们的尖锐好斗。还有一个版本:锉其兑(《帛书〈老子〉乙本》):兑有三个意思:①交换、兑换,②古同锐,尖锐的锐,③古同悦,喜悦的悦。在这里理解为削磨人的喜悦明显不通顺,削磨人的尖锐和欲望比较通顺。

第五章　动而俞出

【繁体原文】

天地不仁,以萬物為芻狗;聖人不仁,以百姓為芻狗。天地之間,其猶橐籥乎?虛而不淈,動而

俞出。多聞數窮，不若守於中。（引自《帛书〈老子〉
甲本》《帛书〈老子〉乙本》《汉简本〈老子〉》互补、
合校）

【简体】

天地不仁，以万物为刍①狗；圣人不仁，以百姓为
刍狗。天地之间，其犹橐籥②乎？虚而不淈③，动而俞④出。
多闻数穷⑤，不若守于中。

【注释】

①刍狗：草扎的狗。

②橐籥（tuó yuè）：古代的风箱。

③淈（gǔ）：枯竭。

④俞：更加、越发。

⑤穷：穷尽、极限，多到不知它们的极限。

【正解】

天地不会偏爱，以万物为草扎的狗；圣人不会有
偏爱，以百姓为草扎的狗。天地之间就像一个巨大的

风箱看似空虚而不会枯竭，动一动会更加涌出万物。万物多到靠人的感官都数不过来，它们的数量多到没有极限。老百姓对这种自然现象不感兴趣的话，就守住自己身体精气神的平衡。

【助解】

动而俞出：上一章告诉我们"道"是蓄势待发的，所以在这一章里，动一动才会涌出更多万物。

哥白尼、达尔文、牛顿、爱因斯坦等等，这些天文学家、自然学家、科学家都属于"多闻数穷"这类人。他们用一生的精力去研究自然现象。普通老百姓对自然的玄妙不感兴趣的话，就养好自己的身体过日子。

这一章的"仁"字就是偏爱的意思。大熊猫受到人们的偏爱生存下来了。然而没有受到人们喜爱的动物就没有这么幸运了，比如中国灭绝的十种珍贵动物：①普氏野马②高鼻羚羊③台湾云豹④滇池蝾螈⑤直隶猕猴⑥中国豚鹿⑦小齿灵猫⑧镰翅鸡⑨冠麻鸭⑩白鳍豚。

第六章　古神不死

【繁体原文】

浴神不死，是謂玄牝。玄牝之門，是謂天地之根，緜緜呵若存，用之不堇。（引自《帛书〈老子〉甲本》《帛书〈老子〉乙本》互补、合校）

【简体】

浴神不死①，是谓玄牝。玄牝之门，是谓天地之根，绵绵呵若存，用之不堇②。

【注释】

①浴：山谷间的流水。通行本作"谷神不死"。浴神不死也好，谷神不死也罢，都是环境不被破坏污染的意思。山谷间的土壤、流水被污染了，五谷也不会发芽成长。老子用山谷的环境不被破坏，比喻玄妙宇宙的环境不被破坏。

②堇：把它理解成"谨慎"也可，理解成"勤劳"也可以，不影响五千言的整体意思。

【正解】

宇宙环境不被破坏，可以称作为玄妙万物的母体。玄妙万物母体之门，可以称作天地万物的根源。连绵不断啊！若隐若现。人类生存用它，就不必过分谨慎。

【助解】

古神不死：远古时期的环境不被破坏，才有我们现在的天地。天地间的环境不被破坏，才可以长出五谷。植物兴盛，动物和人类才可以生存下去，才能达到长生久视。从浴神不死、谷神不死延伸到"古神不死"，是为了让我们的思维空间更宽阔。

现在人们吃食物都非常小心谨慎，怕食物被污染、怕有添加剂、怕有防腐剂等等。几百年前山谷间的流水人们都敢喝，现在谁敢喝呢？

第七章　天长地久

【繁体原文】

天長地久。天地所以能長且久者，以其不自生也，故能長生。是以聖人退其身而身，先外其身而身存。以其無私，故能成其私。（引自《帛書〈老子〉甲本》《帛書〈老子〉乙本》《漢簡本〈老子〉》《〈道德經〉通行本》（河上公本）互補、合校）

【简体】

天长地久。天地所以能长且久者，以其不自生也，故能长生。是以圣人退其身而身，先外其身而身存。以其无私①，故能成其私。

【注释】

①以其无私：他是以"无"为私，不是以"有形的货物"为私。信仰、思想、理念都属于"无"。

【正解】

天长地久。天地之所以能长久存在的原因是：因为天地没有私欲，所以能长生。圣人退后不敢为天下先，是为了保护自己的身体；先保护好外在的身体，内在的精气神才能长存。圣人顺应自然以正确的信仰、思想为私心，所以能成就他的私心。

【助解】

天长地久：天地是恒久存在的，可由于一些人的胡作非为，有些物种已经见不到天地了。

"以其不自生"：例如，太阳不会和地球结合，生出一个小太阳或小地球。

人的食欲、性欲太过的话，就会过分地消耗你的精气神，就得不偿失。其他的欲望都是由食欲和性欲衍生出来的。

"先外其身而身存"：外练筋骨皮内练一口气。先保护好外在的有形身体，内在的"气和神"才有居所。如果身体受到损伤，气就泄了，"神"没了居所，生命就结束了。

第八章　上善若水

【繁体原文】

上善若水。水善利萬物而有靜，居眾人之所惡，故幾於道矣。居善地，心善淵，予善天，言善信，正善治，事善能，動善時。夫唯不靜，故無尤。（引自《帛书〈老子〉甲本》《帛书〈老子〉乙本》《汉简本〈老子〉》互补、合校）

【简体】

上善若水。水善①利万物而有静，居众人之所恶，故几于②道矣。居善地，心善渊③，予④善天，言善信，正善治，事善能，动善时。夫唯不静，故无尤⑤。

【注释】

①善：善良，善于，适合、适于，好像。

②几于：接近于、相似于。

③渊：甲本作"潚（sù）"，都是深渊的意思。

④予：给予、帮助。

⑤尤：优异、特点。

【正解】

上善之人就像水。水善于滋养万物而有平静的时候，不流动时处于众人所厌恶的地方，所以它接近于道。居住于适合自己的地方，心像深渊一样平静，给予、帮助依天道行事的人（帮助节俭的人）。说话要有诚信，正确的思想能够管理好天下。办成事情要交给一个善于这方面能力的人，采取大的行动要把握合适的时机。有些人最大的缺点是内心不能平静，所以没有优点，没什么功绩。

【助解】

上善若水：上善之人就像水，滋养、辅助万物却不求回报。天地滋养了人类，天地也没有向人类索求什么。反倒是有些人贪婪的向天地索求，贪得无厌、不知道满足。

帛书甲本作"上善治水"，大禹治水的故事流传几千年，妇孺皆知，"大禹"就是上善之人。所以老子的五千言都有对应的人物或故事，不是空洞、不着边际的说教。

有的版本作"予善信"，帮助守信用的人；也可以理解为：别人帮助我，我就要讲信用、守信用，才可以长久。

第九章　功遂身退

【繁体原文】

揸而盈之，不若其已。揣而允之，不可长葆之。金玉盈室，莫之守也。贵富而骄，自遗咎也。功遂身退，天之道也。（引自《帛书〈老子〉甲本》《帛书〈老子〉乙本》《汉简本〈老子〉》互补、合校）

【简体】

揸①而盈之，不若其已。揣②而允之，不可长葆之。

金玉盈室，莫③之守也。贵富而骄，自遗咎④也。功遂身退⑤，天之道也。

【注释】

①揸：控制、把持的意思。

②掬：指水平有限、能力不足；允：意指延续、继续。

③莫（mù）：古同"暮"，意指冷静认真的思考。

④咎：过失、错误、祸患。

⑤功遂身退：即功成身退。遂还有延续、继承的意思。

【正解】

控制得太多，不如以前过得轻松。能力不足而勉强继续行事，不可能长久保持。黄金宝玉堆满家中，冷静认真地思考它的用途才能保得住。成了权贵、发了横财而骄傲放纵，就会留下祸患。功成名就，又有人延续你的事业就可以退休了，是符合天道的。

【助解】

功遂身退（《帛书〈老子〉乙本》《汉简本〈老子〉》）：功成名就又有人延续你的事业，就可以退休了。还有其他两个版本：

①功芮身退（甲本），芮，小草初生时，意指功绩成形后不要过多地把持、干扰，让它们自由生长，所以选择身退。②功述身退（楚简本）：功绩到了向别人夸耀，或者别人都津津乐道时，该选择退位了。这时不退位，很容易自我膨胀，给别人带来伤害。

第十章　营魄抱一

【繁体原文】

戴營魄抱一，能毋離乎？搏氣致柔，能嬰兒乎？修除玄藍，能毋疵乎？愛民治國，能毋以為乎？天門啟闔，能為雌乎？明白四達，能毋以知乎？生之、畜之，

生而弗有，长而弗宰也，是謂玄德。（引自《帛书〈老子〉甲本》《帛书〈老子〉乙本》《汉简本〈老子〉》互补、合校）

【简体】

戴营魄①抱一，能毋离乎？抟②气致柔，能婴儿乎？修除玄蓝③，能毋疵乎？爱民治国，能毋以为乎？天门启阖④，能为雌乎？明白四达，能毋以知乎？生之、畜之，生而弗有，长而弗宰也，是谓玄德。

【注释】

①营：身体；魄：魂魄、灵魂。

②抟：运行体内之气。

③修除：修为有益的，去除虚幻无益的假象；玄蓝：玄指有益的，蓝指无益虚幻的假象。天空本来不是蓝色的，但是大气中尘埃、微粒散射蓝光的能力，大于散射其他波长光子的能力，因此天空显现蓝色。2000多年前，老子就知道天空的蓝色是一种假象。

④天门：心灵通向宇宙之门，意指经过悟道开启了智慧之门；阖：同"合"。

【正解】

给自己戴了一顶身体和灵魂抱一的高帽，能真正做到不分离吗？练习气功以达到身体柔韧的目的，能做到像婴儿一样吗？修为有益的，去除无益的思想、言行，能没有一点瑕疵吗？爱护民众、治理国家，能不以独断专行、自以为是的作为吗？通向智慧之门打开灵感迸发，拥有超越常人的能力时，能像慈祥的母亲一样为天下苍生考虑吗？明白天下四方的事情，能不以自己有限的知识吗？滋生万物、养育万物，出生后要去伪存真地养护，长大后要给予正确的引导，是被称为万物长远之德。

【助解】

营魄抱一：人活着就属于营魄抱一，死了以后身体和灵魂就分开了。

第十一章　有利用无

【繁体原文】

三十輻共一轂，當其無有，車之用也。燃埴為器，當其無有，埴器之用也。鑿戶牖，當其無有，室之用也。故有之以為利，無之以為用。（引自《帛書〈老子〉甲本》《帛書〈老子〉乙本》《汉简本〈老子〉》《〈道德经〉通行本》互补、合校）

【简体】

三十辐共一毂①，当其无有，车之用也。燃埴②为器，当其无有，埴器之用也。凿户牖③，当其无有，室之用也。故有之以为利，无之以为用。

【注释】

①辐：连接外车轮和中心车毂的条状车辐；毂（gǔ）：车轮中心有孔可插车轴的部分。

②埴（zhí）：意黏土。

③户牖（yǒu）：门窗。

【正解】

三十根车辐同在一个车毂上，当车毂中心空洞部分插入车轴时，车就可以用了。烧制黏土做成器皿，器皿有"中空"的部分，器皿才可以用。开凿制作好门窗，当房屋内部有空间，房屋才可以用。所以有形的器物给人带来便利，器物"中空的部分"才可以发挥作用。

【助解】

有利用无：有形的器物给我们带来了便利，我们使用的却是它"无形中空"的部分。"空间"这个词也是有无，"空"是无，"间"是有。

人类现在大量的制造各种工具、器物，人类的生活越来越便利，但有些人却没有很好地利用这些工具，反而破坏环境，给地球带来伤害。这就是不知道适可而止的后果。

第十二章　声色犬马

【繁体原文】

五色使人目明，五味使人之口啣，五音使人之耳聾，馳騁田獵使人心發狂，難得之貨使人之行方。是以聖人之治也，為腹而不為目。故去彼取此。（引自《帛書〈老子〉甲本》《帛书〈老子〉乙本》《汉简本〈老子〉》互补、合校）

【简体】

五色使人目明①，五味使人之口爽②，五音使人之耳聋③，驰骋田猎使人心发狂，难得之货使人之行方④。是以圣人之治也，为腹而不为目⑤。故去彼取此。

【注释】

①明：色彩光明吸引人的视线。

②爽：甲本作（口相）也读（shuǎng），意指对口味。

③聋：沉迷音乐会造成耳部不适，但不至于造成耳聋、失去听力。

④方：四四方方有棱角，意指对他人保持戒备、咄咄逼人。

⑤目：代表各种外在的迷惑、欲望。

【正解】

缤纷的五色吸引人的目光，消耗人的元神。各种美味佳肴很对人的口味，造成饱食不化。动听的音乐使人沉迷，造成耳部不适。驰骋田野打猎，容易引起人的杀戮狂妄之心。拥有难以得到的货物，使人保持着戒备、咄咄逼人。所以圣人的为人之道是：修为自己的心腹向内求，养护自己的精气神；不寻求外在"声色犬马"的享受刺激。所以去除不健康的生活方式，选取正确的养生之道。

【助解】

声色犬马：指人们外在的各种享受、刺激、欲望。

有多少年轻人死在网吧，这就是五色的危害。还有一些人喜欢登山、蹦极、攀岩等等一些极限运动，其中有的人就因此丧命，这些也是外在刺激的危害。

第十三章　龙辱若惊

【繁体原文】

龍辱若驚，貴大梡若身。何謂龍辱若驚？龍之為下，得之若驚，失之若驚，是謂龍辱若驚。何謂貴大梡若身？吾所以有大梡者，為吾有身也，及吾無身，有何梡？故貴為身於為天下，若可以托天下矣；愛以身為天下，女可以寄天下。（引自《帛書〈老子〉甲本》《帛書〈老子〉乙本》《漢簡本〈老子〉》《〈道德經〉通行本》互補、合校）

【简体】

龙辱①若惊，贵大梡②若身。何谓龙辱若惊？龙之为下，得之若惊，失之若惊，是谓龙辱若惊。何谓贵大梡若身？吾所以有大梡者，为吾有身也，及吾无身，有何梡？故贵为身于为天下，若可以托③天下矣；爱以身为天下，女可以寄天下。

【注释】

①龙辱：龙，马八尺以上为龙，语出《周礼·夏官》；辱：胯下之辱。即使是天上的"龙"也是被"神"骑的，也受胯下之辱。

②梡：树木长得很完整，意指参天大树。《帛书老子通解》中读（hún）。

③托：托付、承载、担当。

【正解】

高头大马受人的胯下之辱，好像天天生活在惊恐之中；珍贵的参天大树好比我们的身体。何谓龙辱若惊？再高大的马被人看中，也是用来骑的，得到人的宠爱是一种惊恐，失去人的宠爱更是一种惊恐。何谓贵大梡若身？我之所以有像参天大树，是因为首先修为、养护我有形的身体。假如我没有身体，怎么能成参天大树呢？所以像看重修为自己的身体一样为天下人着想，就可以担当天下兴旺的重任了，珍爱所有的生命修为、治理天下，像女人一样的弱势群体，才能安全地寄存于天下。

【助解】

龙辱若惊：龙和马都忍受胯下之辱，如同天天生活在惊恐之中。《帛书老子通解》也作"龍辱若驚"，都用繁体。

这一章里面的"辱"字和第二十八章里"知其白，守其辱"中的"辱"字，还有第四十章里"大白如辱"中的"辱"字都是"屈辱、胯下之辱"的意思。

战马在战场上拼命驮着将士跑，将士没了粮食就杀战马，所以叫"龙辱若惊"。在男权时代，女人是寄人篱下的，也是战利品，所以老子用"寄"字。因此做到"爱以身为天下"女人才可以安全地生活在天下。战马和女性的共同点是：胯下之辱、寄人篱下。

第十四章　执今之道

【繁体原文】

視之而弗見，名之曰微。聽之而弗聞，名之曰希。捪之而弗得，名之曰夷。三者不可至計，故困而為一。一者，其上不謬，其下不忽，尋尋呵，不可名也，復歸於無物。是謂無狀之狀，無物之象，是謂忽望。隨而不見其後，迎而不見其首。執今之道，以禦今之有，以知古始，是謂道紀。（引自《帛书〈老子〉甲本》《帛书〈老子〉乙本》《汉简本〈老子〉》互补、合校）

【简体】

視之而弗见，名之曰微。听之而弗闻，名之曰希。捪之而弗得，名之曰夷。三者不可至计①，故困②而为一。一者，其上不谬，其下不忽，寻寻③呵，不可名也，复归于无物。是谓无状之状，无物之象，是谓忽望。随而不见其后，迎而不见其首。执今之道，以御④今之有，以知古始，是谓道纪⑤。

【注释】

微、希、夷用来形容人的感官很难察觉的细微物质。捪（mín）：用手搓捻。

①至计：细至精确的计数。

②囷（qūn）：古代一种谷仓，意指聚集、综合。

③寻：寻觅、分析、研究。

④御：驾驭、引领。

⑤纪：开始、开端；纲领、纪律、规律。

【正解】

看它忽隐忽现不一定看得见，命名它叫"微"；听它而不一定听得到，命名为"希"；捪它似有似无不可得，命名为"夷"。这三者太过细微，不可能细至精确的计数，所以将它们综合为一个整体。它的上面不能荒谬地随便定义，它的下面也不能忽视。寻觅又寻觅，研究又研究，不能给它取个合适的名称。重新又把它归类于无形的物质中，就是说没有形状的状态，没有物体的形象。可以说想忽视它，却又忍不住要观望研究它。跟随它而看不见它的后面，迎着它而看不见它的前面，认识把握当今的现实状况，依道行事以驾驭现今的具体事物。以我们的身心认知远古世界的开始起源，就是道的开始和规律。

【助解】

执今之道：把握、掌控今天事物向前发展的动向、规律，使它们归于大道之中。

这一章老子告诉我们，万物是由细微的物质逐渐聚集、积累而成的，也叫大器慢成。道忽隐忽现、如影随形，不曾远离我们，一直陪在我们身边。我们研究道、研究万物在远古的开始起源，是为了了解万物生存、繁衍的规律，是为了解决今天所面临的问题。

第十五章　士者玄达

【繁体原文】

古之善為士者，微妙玄達，深不可志。夫唯不可志，故強為之容曰：與呵，其若冬涉水；猶呵，其若畏四鄰；儼呵，其若客；渙呵，其若淩澤；屯呵，其若樸；渾呵，其若濁；湉呵，其若浴。濁而情之餘，清；女以動之餘，生。葆此道者不欲盈，夫唯不欲盈，是以能敝而不成。（引自《帛书〈老子〉甲本》《帛书〈老子〉乙本》《汉简本〈老子〉》互补、合校）

【简体】

古之善为士者，微妙玄达，深不可志。夫唯不可志，故强为之容曰：与①呵，其若冬涉水；犹②呵，其若畏四邻；俨③呵，其若客；涣④呵，其若凌泽；屯⑤呵，其若樸；浑⑥呵，其若浊；湉⑦呵，其若浴。浊而情之余⑧，清。女以动之余，生。葆此道者不欲盈，夫唯不欲盈，是以能敝⑨而不成。

【注释】

①与：参与、和人交往。

②犹：犹豫、警惕。

③俨：俨然、形态庄严。

④涣：涣散、自然消散。

⑤屯（tún）：敦厚、沉稳；楃：有信仰、心有所属。

⑥浑：随和，能和人混在一起。

⑦洭：水势很大的样子。

⑧余：很多、多次。

⑨敝：陈旧，意指节俭、朴素。

【正解】

古代善于行天道的人，细微渺小、有形无形的事物都能达到认知，他像深渊一样让人看不出他的志向。世俗人更难理解他，看不出他的志向。所以只能勉强描述他的容貌：他与人交往时，就像冬天涉水过河一样小心；他处事警惕，好像畏惧四周的邻居；他形态庄严，好像在别人家里做客；他悠闲自然，如同冰凌上面的光泽；他敦厚沉稳，好像心有所属；他随和淳朴，可以混迹于市井之中；他强壮发力时，像山谷间的流水一样汹涌。混迹于市井之中就要处理很多人情世故，但他还能保持清醒的头脑，同流而不合污。女人如果愿意跟他结婚互动的话，还可以生育孩子。保持这样精神状态的人，不过分追求欲望上的满足。男人只有不追求欲望上的满足，才能保持节俭、朴素，不必劳神去追求名利上的成功。

【助解】

士者玄达：有道的士者，对万物有规律性的认知，能达到它们的根本。

黄帝内经中有这样一段话："余闻上古有真人者，提挈天地，把握阴阳，呼吸精气，独立守神，肌肉若一，故能寿敝天地，无有终时，此其道生。中古之时有至人者，淳德全道，和于阴阳，调于四时，去世离俗，集精全神，游行天地之间，视听八达之外，此盖益其寿命，而强者也亦归于真人。其次有圣人者，处天地之合，从八风之理，适嗜欲于世俗之间，无恚嗔之心，行不欲离于世，被服章，举不欲观于俗，外不劳形于事，内无思想之患，以恬愉为务，自得为功，形体不敝，精神不散，亦可以百数"。老子这一章讲的士者，和黄帝内经中"圣人"的境界相似，顶多是介于"至人"和"圣人"之间的这一类，肯定达不到黄帝内经中所说的"真人"的那种境界。这就是老子在整个五千言中只用"圣人",从来没有用过"真人"和"至人"这样的称谓。因为人们在一天天堕落下去,能做到圣人已经不错了,不敢奢望能达到"至人"和"真人"的境界。

第十六章　至虚守衡

【繁体原文】

至虚極也,守中篤也。萬物方作,吾以觀其復也。天物芸芸,各復歸於其根,曰情。情,是謂復命。復命常也,知常明也。不知常,妄!妄作凶。知常容,容乃公,公乃王,王乃天,天乃道,道乃久,沕身不怠。(引自《帛书〈老子〉甲本》《帛书〈老子〉乙本》《汉简本〈老子〉》《楚简本〈老子〉》互补、合校)

【简体】

至虚极也,守中笃①也。万物方②作,吾以观其复也。

天物芸芸，各复归于其根，曰情[3]。情是谓复命，复命常也，知常明也。不知常，妄！妄作凶。知常容，容乃公，公乃王，王乃天，天乃道，道乃久，沕身不怠[4]。

【注释】

①笃（dǔ）：马儿是奔跑好动的，竹子编的马却动不了；形意：马行迟钝，引申为动静相易、阴阳平衡，还指一心一意。

②方：方向、规律。

③情：青壮年内心主要想什么？两性结合，繁衍下一代。

④沕（mì）：隐没，意指保护自己；怠（yǐ）：上以、下心，以一己私心行事。

【正解】

把自己置于空虚、寂寞的极限时，还要能恢复到常态，守住身体的平衡。万物遵循普遍的规律和方向运作。我以身心观察万物的循环往复。天地间的万物纷纷芸芸、不计其数，各自返回到它们的根源起点，可以说是生命

的本性情怀。情，就是循环往复的孕育生命。循环往复
的孕育生命是万物的常态。认知这种常态就是明，不知
这种常态，就有了种种妄想，妄想会使人做出种种凶事。
认知了这种常态，就会有宽容之心。宽容之心就是公平、
公正，做到了公平、公正才配称王，王者就要行天道，
天道就是自然之道，自然之道才能长久。保护好自己的
身体，不以一己私心行事。

【助解】

至虚守衡：把自己置于隐居辟谷的极限，要能恢
复到常态，保持身体阴阳的平衡。"虚"就是"虚其心"
的极限，也就是辟谷，可以这样理解。

怎样才能"至虚极"呢？隐居辟谷。人在安静平
和的状态下，天门才能启合，感悟天道拥有大智慧。
但要把握好自己，守住阴阳、精气神的平衡。

这一章里面的"情"字和后文第三十七章里面的
"情"字是一个意思。除人类以外的万物，它们的"情"，
还保持着它们的本色，它们的生存环境都很艰难，所
以忠守着上天赋予它们"繁衍后代"的首要职责。

第十七章　大上有之

【繁体原文】

大上，下知有之，其次，親而譽之，其次，畏之，其下，侮之。信不足，安有不信。猶呵，其貴言也！成功遂事，而百姓曰：我自然也。（引自《帛书〈老子〉甲本》《帛书〈老子〉乙本》《汉简本〈老子〉》互补、合校）

【简体】

大上，下知有之，其次，亲而誉之，其次，畏之，其下，侮之。信不足，安①有不信。犹②呵，其贵言也！成功遂事，而百姓曰：我自然也。

【注释】

①安：导致。

②犹：犹豫、谨慎。

【正解】

行天道的好领袖，人们知道有这个人；其次的统治者，使人民亲近并赞誉他；再次的统治者人民畏惧他；最差的统治者，人民不接受他、侮辱他。统治者诚信不足，导致人民不相信他。好领袖很谨慎，他不轻易发号施令。成就人民的辛劳，完成延续人民心中期望之事，而百姓说：我们本来就是这个样子的。

【助解】

大上有之：真正的好领袖不扰民，人们只知道有这个人；没感觉这个领袖骚扰老百姓，也没感觉这个领袖给老百姓造成压力。好领袖居无为之事，行不言之教。好领袖好像很低调，老百姓反倒很得意、很高调。

第十八章　大道莫废

【繁体原文】

故大道廢，安有仁義。知快出，安有大偽。六親不和，安有孝慈。邦家昏亂，安有貞臣。（引自《帛书〈老子〉甲本》《帛书〈老子〉乙本》《汉简本〈老子〉》《楚简本〈老子〉》互补、合校）

【简体】

故大道废，安有仁义。知快出，安有大伪。六亲不和，安有孝慈①。邦家昏乱，安有正臣。

【注释】

①慈：慈爱、慈祥。甲本作："兹"，意相同。

【正解】

大道废弃了，导致人们提倡仁义。知识快速地出现传播，导致有了大量人为的事物和欺骗。六亲不和，导致需要子孝父慈。国家昏暗混乱，导致需要有正确思想、信仰的臣民。

【助解】

大道莫废：天之道、自然之道，千万不要废弃；

如若废弃了天道，将给天下苍生带来灾祸。不懂道、不悟道的人，不依天道行事，后果就是道德沦丧、唯利是图、环境被破坏。

第十九章　绝声弃知

【繁体原文】

絕聲棄知，民利百負。絕巧棄利，盜賊無有。絕㥁棄慮，民復季子。此三言也，以為文未足，故令之有所屬：見素抱樸，少私寡欲。（引自《帛书〈老子〉甲本》《帛书〈老子〉乙本》《汉简本〈老子〉》《楚简本〈老子〉》互补、合校）

【简体】

绝声弃知，民利百负①；绝巧弃利，盗贼无有；绝计弃虑，民复季子。此三言也，以为文未足，故令之有所属②：见素抱樸③，少私寡欲。

【注释】

①声：发号施令；知：肤浅的一己认知；利：利润、收入；负：负担、税负。

②属：归属、约束。

③楃：心灵之屋、信仰。

【正解】

"不要随便发号施令，要以身作则，放弃个人的肤浅认知，人民就会用自己的收入承担一定的税负；不要投机取巧、放弃唯利是图，盗贼就没有了；不要玩弄心计，放弃过多的思虑，让民众恢复到顺应自然四季、结婚生子，这种简单的生活。"这三句话，以前文章解释得不充分，没有大力提倡，所以当今社会要大力提倡。有这样的道德约束：生活表现朴素，紧抱正确的信仰和思想，减少私心和欲望。

【助解】

绝声弃知：杜绝随便发号施令，要以身作则，放弃个人的肤浅认知，先问问百姓内心要什么？

"绝圣弃智"明显不通顺。老子在五千言中，常提到"圣人"和"智慧"。如果在这里用"绝圣弃智"的话，不是明显的矛盾吗？知识多用意为"肤浅的认知"，智慧多用意为大智慧。

第二十章　绝学无忧

【繁体原文】

絕學無憂。唯與訶，其相去幾何？美與惡，其相去何若？人之所畏，亦不可以不畏人。望呵，其未央才！眾人熙熙，若鄉於太牢而春登臺。我泊焉未佻，若嬰兒未咳。累呵，如無所歸。眾人皆有餘，我獨遺。我愚人之心也，惷惷呵。鬻人昭昭，我獨胃胃呵。鬻人蔡蔡，我獨悶悶呵。忽呵，其若海，望呵，其若無所止。眾人皆有以，我獨門元以悝。吾欲獨異於人，而貴食母。（引自《帛书〈老子〉甲本》《帛书〈老子〉乙本》《汉简本〈老子〉》《〈道德经〉通行本》互补、合校）

【简体】

　　绝学无忧，唯与诃①，其相去几何？美与恶，其相去何若？人之所畏，亦不可以不畏人。望呵，其未央才！众人熙熙，若飨于太牢②而春登台；我泊焉未佻③，若婴儿未咳；累呵④，如无所归。众人皆有余，我独遗。我禺⑤人之心也，蠢蠢⑥呵。鬻人⑦昭昭，我独"臂"呵。鬻人蔡蔡，我独"闷"呵。忽呵其若海，望呵其若无所止。众人皆有以，我独门元以悝⑧。吾欲独异于人而贵食母。

【注释】

　　①诃：呵斥、命令。

　　②太牢：古代帝王祭祀社稷时，牛、羊、猪三牲全备，代指祭祀集会。

　　③佻：鄙俗、轻薄、不庄重的行为。

　　④累（lěi）：有所牵挂的样子。

　　⑤禺（yú）：古时对一种猴的称呼，这里指像动物一样简单、天真。

⑥蠢：春心萌动，意指内心简单，没有复杂的心计。

⑦鬻（yù）人：世俗之人；昏（hūn）：意指观察天象、观察自然；岷（mín）：向内心寻求答案；蔡：本意小草，姓氏；这里也指世俗的话很多。

⑧门：众眇之门的"门"；元：开始起源；以悝（kuī）：以自己的内心。

【正解】

不学习万物共存的自然之道，不关心他人，所以没有忧虑。这种唯我主义者，只会大声呵斥、命令他人。这样的人将来会走向何方？美好与丑恶，他会倾向于哪一方？人们都对他有所畏惧，反过来他也不可以不畏惧民众。观察他！不会成为统领全局的中央之才。众人熙熙攘攘，就像参加乡间的祭祀集会，而春天要登上高台祭祀。我漂泊淡定没有理会这些鄙俗之事，好像婴儿不得病没有咳嗽。心里牵挂着天下苍生，却没有合适的归宿，众人都在积蓄多余的财富，只有我遗留给了他人，我这种动物般的傻瓜心态，是不是简单又愚蠢呢？世俗之人都很精明、善于算计，只有我在观察天象、观察自然。世俗之人像小草一样弱势，谈论的都是名利和世俗之事，只有我向内心寻找答案。忽略世俗之人吧！他们像大海一样人数众多；他们好像不懂得适可而止。众人都有外在的依靠（或寻求外在的庇护）。只有我以内心感悟天道之门，及它的开始起源。我的欲望独特、异于常人，而可贵之处是向万物之母获得滋养。

【助解】

绝学无忧：不学习万物的共存之道，不关心他人；过着衣来伸手、饭来张口的生活，当然没有忧虑了。

这一章讲当时的周天子，从小就是唯我主义者，长大后把大部分时间、精力都用在祭祀上，脱离了根本。普通民众也越来越堕落、迷失了方向。只有老子观察天象、观察自然，以自己的身心感悟天道、寻找答案。所以才会给炎黄子孙留下这"字字如金"的五千言。

第二十一章　孔德之容

【繁体原文】

孔德之容，唯道是從。道之物，唯望唯忽。忽呵望呵，中有象呵。望呵忽呵，中有物呵。幽呵嗚呵，中有請呵。其請甚真，其中有信。自今及古，其名不去，以順眾仪。吾何以知眾仪之然？以此。（引自《帛书〈老子〉甲本》《帛书〈老子〉乙本》《汉简本〈老子〉》互补、合校）

【简体】

孔德之容①，唯道是从。道之物，唯望唯忽。忽呵望呵，中有象呵。望呵忽呵，中有物呵。幽呵嗚呵，中有请呵。其请甚真，其中有信。自今及古，其名不去，以顺众仪②。吾何以知众父之然？以此。

【注释】

①孔：象形文字画了一个孩子在吃奶，我们的眼

睛看不到母乳是如何流动的。意指有德之人从外表是看不出来的，他们也不会刻意表现，只有从日常行事中能感觉到他们依自然之道生活。婴儿吃奶得用力，意指"道"需要感悟才会有所收获，"道"才会帮助你，不是轻易就可获得。孔，还指细微之处的洞察力。

②伇（fù）：意指父亲的父亲，代指先辈祖宗。

【正解】

有德之人，看容貌和常人没多大区别，只遵循天道行事的风格和对细微之处的洞察力，证明他们优于常人。"道"这个物质，想看却忽隐忽现。忽略它吧，却又想观察研究它，其中有形象。好像看到了，又忽然不见了，其中有物质。它在深幽之处发出鸣叫响动，它在请人们了解它。它的邀请非常真诚，因为它非常有信用。自今天及遥远的古代，它的名字一直没有离去（人们没有遗忘它，也没法遗忘它），以顺应众人的祖宗先辈（因为先辈们一直在悟道、修道）。我凭什么了解先辈们所认知的这些事呢？就是以此。

【助解】

孔德之容：细微之处的洞察力能看出这个人是否有德，我们的祖先一直都在细致入微地观察大自然，观察天象。

这一章告诉我们"道"一直在伴随着我们，从未远去。我们的祖先一直在修道、悟道，过着顺应自然的生活。而现在的人们却离正道越来越远了，所以老子不得不三番五次地提醒人们要遵循大道。

第二十二章　炊者不立

【繁体原文】

炊者不立，自視者不章，自見者不明，自伐者無功，自矜者不長。其在道也？曰：餘食贅行，物或惡之，故有欲者弗居。（引自《帛書〈老子〉甲本》《帛書〈老子〉乙本》《汉简本〈老子〉》互补、合校）

【简体】

炊者①不立，自视者不章②，自见者不明，自伐者无功，自矜③者不长。其在道也？曰：余食赘④行，物或恶之，故有欲者弗居。

【注释】

①炊者：贪图美食享受者。

②章：上立、下早，早早起来立于天地间，意指早起锻炼，加三撇就是彰显的意思。台上三分钟，台下十年功。

③矜：怜悯、怜惜；自大、自夸。

④赘（zhuì）：使受累赘、拖累的意思。

【正解】

贪图美食享受者不会长久地立于天地之间。自视很高的人，不会早起锻炼；固执己见者，不会明白万物平衡的道理；主动讨伐他人的人，没有功德；觉得自己很可怜和自大骄傲者，都不会有长进。

他们在遵循大道吗？答曰：吃得太多，拖累了他们的行动。遵循自然之道的万物，或许会厌恶这些无道的人，所以有正确追求者，应该选择正确的生活方式。

【助解】

炊者不立：贪婪的人往往自大、自私、自矜、主动讨伐别人。食欲是最基本的欲望，对美食的贪婪生出了种种欲望。贪得无厌和老子提倡的节俭正好相反。像罗马帝国、清朝政府等等，都是因为统治者贪图享受、生活奢侈而灭亡。清朝晚期的皇族，像慈禧太后，还有那些皇帝们吃一顿饭要两百多个品种，穷奢极欲、极度浪费；老百姓却吃不饱饭，没有御寒的棉衣。所以老子说：炊者不立！

"物或恶之"在五千言中出现过多次，指有些万物受到无道之人的伤害，就会厌恶他们；没受到无道之人伤害的万物，就事不关己、高高挂起。

第二十三章 曲全诚金

【繁体原文】

曲则全，枉则定，窪则盈，敝则新，少则得，多则惑。是以聖人執一，以為天下牧。不自視故彰，不自見故明，不自伐故有功，不自矜故能長。夫唯不爭，故莫能與之爭。古之所謂曲全者，幾語才。誠金歸之。（引自《帛书〈老子〉甲本》《帛书〈老子〉乙本》《汉简本〈老子〉》互补、合校）

【简体】

曲①则全，枉②则定，洼则盈，敝则新，少则得，多则惑。是以圣人执一，以为天下牧③。不自视故彰，不自见故明，不自伐故有功，不自矜故能长。夫唯不争，故莫能与之争。古之所谓曲全者，几语才。诚金归之。

【注释】

①曲：曲折、曲线、迂回。

②枉：从木、王，意指粗壮的树木，和前文的"桄"意思相近。

③牧：牧场、牧师、造福万物，牧师也是榜样的意思。

【正解】

曲线迂回才能保全万物；粗壮的树木垂直生长才会有定力，低洼之处，水流才会注满；破旧才需要更新；缺少才需要获得；多得眼花缭乱就会迷惑。所以圣人守持一个正确的信仰，以自己的言行为天下万物造福。不自视很高，早起锻炼才会彰显。不固执己见，听得进去忠言，才能明了万物平衡之道。不主动讨伐别人，才会有功德。不觉得可怜也不骄傲自大，才能有长进。人只有不与他人争斗，也就没有人能与他相争（没有敌人才能保全自己）。古人所说的曲线迂回、避其锋芒的处世态度，就像金子一样珍贵，这些话语是大智慧。诚信之人的金玉良言，归于道。

【助解】

曲全诚金：曲线迂回保全万物，诚实守信就像金子一样宝贵。

"枉则定"用在人事上：身体健康、正直诚信的人，才能有定力，才适合做君王。

"以为天下牧"有三种解释：①以自己的言行作为天下人的榜样。②以自己的行动管理好天下这个万物的牧场。③以自己的言行为天下万物造福。

第二十四章　希言自然

【繁体原文】

希言自然，飄風不終朝，暴雨不終日。孰為此？天地而弗能久有，況於人乎？故從事而道者同於道，德者同於德，失者同於失。同於德者，道亦德之。同於失者，道亦失之。（引自《帛書〈老子〉甲本》《帛書〈老子〉乙本》互補、合校）

【简体】

希言自然，飘风不终朝，暴雨不终^①日。孰为此？

天地而弗^②能久有，况于人乎？故从事而道者同于道，德者同于德，失者同于失。同于德者，道亦德之。同于失者，道亦失之。

【注释】

①终：甲、乙本作"冬"。
②弗：这里指不一定。

【正解】

世俗之人，日常生活中很少谈论自然。狂风刮不了一个早晨，暴雨下不到一整天，谁能造成这样的结果呢？天地很大，但也不一定能长久有作为，更何况人呢？所以为人处事依道行事者同于道，依人的道德规范行事者同于德，失道、失德者的言行会导致自己失去的更多。遵循人类道德规范者，万物之道也会逐渐感悟。为人处世失信、失德者，道也会远离他。

【助解】

"希言自然"还可以这样理解，少发号政令不扰民，就是顺应自然。

帛书甲、乙本原作"飘风不冬朝，暴雨不冬日"。北方冬季下雪不下雨，终和冬哪一个更贴近实际呢？终也好、冬也罢，不影响我们正确的理解这一章，这就叫：名可名也，非恒名也。

道：指天道、万物之道、自然之道。

德：指人的德行规范，德的范围更小。

第二十五章　道法自然

【繁体原文】

有物昆成，先天地生。繡呵繆呵，獨立而不玹，可以為天地母。吾未知其名，字之曰道，吾強為之名曰大。大曰筮，筮曰遠，遠曰返。道大，天大，地大，王亦大。域中有四大，而王居一焉。人法地，地法天，天法道，道法自然。（引自《帛書〈老子〉甲本》《帛書〈老子〉乙本》《〈道德經〉通行本》互補、合校）

【简体】

有物昆①成，先天地生。绣呵缪呵②，独立而不垓③，可以为天地母。吾未知其名，字之曰道，吾强为之名曰大。大曰筮④，筮曰远，远曰返。道大，天大，地大，王亦大。域中有四大，而王居一焉。人法地，地法天，天法道，道法自然。

【注释】

①昆：比喻像太阳初升一样，一点一点升起来，逐渐形成。

②绣（xiù）：五彩兼备，色彩斑斓；

　缪（móu）：缠绕、未雨绸缪，意指深幽复杂。

③垓（gāi）：界限、边际。

④筮（shì）：用蓍（shī）草占卜，意指估计、测算。

【正解】

有种物质（或物体）像太阳初升一样，由暗到明逐渐形成，先于天地而生。他色彩斑斓、幽深复杂，独立存在而没有边际，可以作为天地的母亲。我不知他的名字，文字书写曰：道，我勉强为他起名曰：大。大得没有边际就只能估计了，估计他说明很遥远，离得越远说明他将要返回。道本来有道、天有道、地有道、王也必须有道！宇宙中四个必须有道的，而人类中的王者是其中之一。人效法地，地效法天，天效法道，道效法自然。

【助解】

道法自然：天道效法自然，道的规律就是自然规律。

道和大，在这一章是一个意思。老子讲：道大、天大、地大，是给"王亦大"做铺垫，天有道、地有道，所以人类中的王者必须有道！人类无道就是逆天而行，逆天而行的后果是：环境污染破坏、物种灭绝，人类和万物都不会长生久视。

第二十六章　重为轻根

【繁体原文】

重為輕根，靜為躁君。是以君子眾日行，不離其輜重；唯有環官，燕處則昭若。若何萬乘之王，而以身輕於天下？輕則失本，躁則失君。（引自《帛書〈老子〉甲本》《帛書〈老子〉乙本》《汉简本〈老子〉》互补、合校）

【简体】

重为轻根，静为躁君①。是以君子众日行，不离其辎重②；唯有环官③，燕处则昭若。若何万乘之王，而以身轻于天下？轻则失本，躁则失君。

【注释】

①君：从尹、口，应该是教育、引导的意思。

②辎（zī）重：军队中装载物品的车辆。

③环官：跟随、环绕着王侯的官员。

【正解】

厚重是轻盈的根基，清静为烦躁的导师。以君子自称的王侯多日在外旅行，不远离其载着生活用品的车辆。必须要有众多随行的官员，他像燕子一样轻松、高贵，还要昭布命令以显示他的权威。为什么拥有万乘车辆的君王，而以自身的享受为重，轻视于天下的苍生呢？轻视天下苍生就会丧失根本，躁动则会失去君王的教养。

【助解】

重为轻根：厚重为轻盈的根本。当权者想要过得轻松，就要重视天下苍生这个根本。

看过电视剧《秦始皇》的人都应该知道，秦始皇每次出游，场面派头有多大，有多少随行的官员和士兵，保护他的安全，他的吃穿住行多奢侈，为了寻求长生不老的方法，他耗费多少财物用在那些江湖术士身上，但是秦始皇最后还是死在了车辆上。

当然老子活着的时候，秦始皇还没有出生。当时一些诸侯王也过着像秦始皇一样奢侈的生活，只重视自己身体的享受，轻视天下民众的生活疾苦。丧失根本，他的权力和地位也不会长久。

第二十七章　善人救人

【繁体原文】

善行者無轍跡，善言者無瑕適。善數者不以籌策。善閉者無關鑰而不可啟也。善結者無繩約而不可解也。是以聖人恒善㤨人，而無棄人，物無棄財，是謂怵明。故善人，善人之師；不善人，善人之資也。不貴其師，不愛其資，唯知乎大迷，是謂眇要。（引自《帛书〈老子〉甲本》《帛书〈老子〉乙本》《汉简本〈老子〉》互补、合校）

【简体】

善行者无辙迹①，善言者无瑕适②，善数者不以筹策③。善闭者无关篇④而不可启也，善结者无绳约而不可解也。是以圣人恒善㤨⑤人而无弃人，物无弃财，是谓袡⑥明。故善人，善人之师。不善人，善人之资⑦也。不贵其师，不爱其资，唯知乎大迷！是谓眇⑧要。

【注释】

①辙迹：车压过留下的痕迹。

②适：繁体"適"（zhé），是毛病、谴责的意思。

③筹策：古时计算用的工具。

④关籥（yuè）：关闭门的机关。

⑤怵（jiù）：意指从内心引导、帮助别人。

⑥袡（shēn）：意指由内心向外伸展。

⑦资：资源、人才。

⑧眇：万物的玄妙，参见第一章。

【正解】

善于行动的人不会留下痕迹，善于言谈的人没有瑕疵、毛病，善于计算的人不需要计算工具，善于关门隐蔽的人不用门闩而使人不能开启，善于打结的人不用绳子捆绑而使人不能解开。所以圣人一直善于从内心引导、帮助别人而没有嫌弃他们。万物都有它存在的合理性和可贵之处，没有舍弃、破坏的理由。能做到这样的人，由内心伸展、表现出他很明白事理。所以善于行天道之人，适合做人的老师；不懂天道的人，是有道之人的学生资源；不尊重老师，不爱惜学生；只灌输知识，不重视人性道德修养是大迷惑，这是让人们了解万物玄妙的要点。

【助解】

善人救人：善于行天道之人，把拯救老百姓当作自己的责任。

现代人类的知识技能越来越多，但是对环境的破坏也越来越大，甚至一些人根本不懂什么叫道德！

第二十八章　知白守黑

【繁体原文】

知其雄，守其雌，為天下溪。為天下溪，恒德不離。恒德不離，復歸嬰兒。知其白，守其辱，為天下浴。為天下浴，恒德乃足。恒德乃足，復歸於楃。知其白，守其黑，為天下式。為天下式，恒德不貣。恒德不貣，復歸於無極。楃散則為器，聲人用則為官長，夫大制無割。（引自《帛书〈老子〉甲本》《帛书〈老子〉乙本》《汉简本〈老子〉》互补、合校）

【简体】

知其雄，守其雌，为天下溪。为天下溪，恒德不离。恒德不离，复归婴儿。知其白①，守其辱，为天下浴。为天下浴，恒德乃足。恒德乃足，复归于楃。知其白，守其黑②，为天下式。为天下式，恒德不貣③。恒德不貣，复归于无极④。楃⑤散则为器，声人用则为官长，夫大制无割⑥。

【注释】

①白：白天、明亮，意指有了功名，光宗耀祖。

②黑：黑暗，意指无权无势被压制的底层老百姓。

③貣（tè）：指向人求物。

④无极：正确无为思想的极限，最高境界。

⑤楃：房屋，有了财富，成家立室。

⑥割：分裂、伤害。

【正解】

知道雄性的刚强，守住自己雌性柔弱、细致的本性，比喻为天下的涓涓溪流。为天下的涓涓溪流，与生俱来的德行不离去，复归于孕育婴儿这种上天赋予雌性的责任。知道王侯将相的光耀奢华，暂守寄人篱下的屈辱，比喻为天下的河谷。为天下的河谷，寻求强大是雄性的德行，雄性会越来越强大；男人强大有了功绩，复归于娶妻生子、成家立室。知道王侯将相的光耀奢华，甘愿守着底层民众的俭朴生活，可以作为天下人的榜样。作为天下人的榜样，一直过着俭朴的生活，所以不必向他人求物，复归于无为思想的最高境界。万贯家财散播出去则可以换来兵器，发号施令的人用兵则成为官长。这些兵需要大多数人都接受的制度来管理约束，才不会造成分裂、伤害。

【助解】

知白守黑：知道功成名就的光耀奢华，甘愿守着底层民众的俭朴生活。

女性的恒德，世俗男人的恒德，圣人的恒德，虽然都叫恒德，但是它们是有本质区别的。

老子把女性比喻为涓涓溪流，把求取功名财富的男人比喻为河谷积蓄能量。像老子、庄子这样的人，一生都过着俭朴的生活，是天下人的榜样。

这一章中知白守辱者，老子是不是在讲越王勾践呢？老子生于公元前571年，越王勾践生于公元前520年。老子活了100多年，越王勾践活了55年。越王的经历、所作所为，老子完全看在眼里。所以说老子讲的每一章节，都应该有对应的人和事，不是空洞、不着边际的说教。

第二十九章　天下神器

【繁体原文】

將欲取天下而為之，吾見其弗得已。天下神器也，非可為者也。為者敗之，執者失之。物或行、或隨、或炅、或炊、或强、或椊、或伾、或撝。是以聖人去甚、去大、去楮。（引自《帛书〈老子〉甲本》《帛书〈老子〉乙本》《汉简本〈老子〉》互补、合校）

【简体】

将欲取天下而为之，吾见其弗得已。天下神器也，非可为者也。为者败之，执者失之，物或行、或随、或炅、或炊、或强、或椊、或伾、或撝①，是以圣人去甚、去大、去楮②。

【注释】

①行：独立行动；随：相互跟随；炅：日下面一个火字，靠日光就能生存的物种。植物靠光合作用长出绿叶和果实，素食动物吃植物，肉食动物吃素食动物，他们都是靠自然天成的食物生存；炊：只有人类要生火做饭；强：强壮有力；椊：意指无力地靠着树木坐着；伾（pī）：众多势盛的意思；撝（wěi）：抛弃。

②楮（chǔ）：古时作纸的代称。楮币、楮钱，

古时祭祀时焚烧。意指靠祭祀、占卜保佑自己取得天下。

【正解】

将要夺取天下而不断作为的人，我预料他很难得己所愿。天下是个神奇的器物，不是可以为所欲为的。强行作为者最终失败，强行把持者最终失去天下。万物各有自己的特性：有的独立行动，有的群居跟随；有的自然天成，有的生火做饭；有的强壮有力，有的软缓无力；有的族群人多势盛、不可战胜，有的族群相互抛弃、一盘散沙。所以圣人应该去掉妄想，去掉自大，去掉祭祀、占卜等等，祈求上苍保佑的陋习。

【助解】

天下神器：天下是神圣的器物。

上一章积蓄了大量财富的男人，有了夺取天下的野心，招兵买马，准备夺取天下。这一章老子告诉他，天下是个神奇的器物，不是狂妄自大的人可以随便为所欲为的。

第三十章　果而不强

【繁体原文】

以道佐人主，不以兵強於天下，其事好還。師之所居，荊棘生之。善者果而已矣，毋以取強焉。果而毋驕，果而毋矜，果而毋伐。果而毋得已居，是謂果而不強。物壯而老，是謂之不道，不道蚤已。（引自《帛书〈老子〉甲本》《帛书〈老子〉乙本》《汉简本〈老子〉》互补、合校）

【简体】

以道佐人主，不以兵强于天下，其事好还。师之所居，荆棘生之。善者果而已矣，毋以取强焉。果而毋骄，果而毋矜，果而毋伐。果而毋得已居，是谓果而不强。物壮而老，是谓之不道，不道蚤①已。

【注释】

①蚤：跳蚤，意指跳得再高，也是落回原点。

【正解】

有道之士以天道辅佐君主管理天下，不以兵多势盛逞强于天下。其行事善于从根本解决问题。军队所到之处，房屋坍塌，荒草丛生。善于行天道之人把敌人击退就可以了，不会再攻取更强大的敌人。取得胜利不可骄傲，不可自高自大，不可主动讨伐他人。迎敌取胜，出于不得已，所以不居功，就是说取得胜利不逞强。事物达到了强盛的顶点就走向衰老，是说他不懂大道。不依道行事就像跳蚤一样，跳得再高也是短暂的，又落回了起点。

【助解】

果而不强：取得胜利的战果而不要再显示自己的强大，不要去侵略他国。

其事好还：也可以理解为武力解决问题往往会遭到

报复。

很多人把跳蚤的"蚤"字理解为早晨的"早"字，感觉这样理解很勉强。老子那么大的学问，难道不知道跳蚤的"蚤"和早晨的"早"的区别吗？非得用这样的通假字？非得犯这么低级的错误？

第三十一章　兵者不祥

【繁体原文】

夫兵者，不祥之器也。物或惡之，故有欲者弗居。君子居則貴左，用兵則貴右，故兵者非君子之器也，兵者不祥之器也，不得已而用之，銛襲為上。勿美也，若美之，是樂殺人也。夫樂殺人，不可以得志於天下矣。是以吉事上左，喪事上右。是以偏將軍居左，上將軍居右，言以喪禮居之也；殺人眾，以悲怀立之。戰勝，以喪禮處之。（引自《帛书〈老子〉甲本》《帛书〈老子〉乙本》《汉简本〈老子〉》《楚简本〈老子〉》互补、合校）

【简体】

夫兵者，不祥之器也。物或恶之，故有欲者弗居。君子居则贵左①，用兵则贵右②，故兵者非君子之器也。兵者不祥之器也，不得已而用之，铦袭③为上，勿美也！若美之，是乐杀人也。夫乐杀人，不可以得志于天下矣。是以吉事上左，丧事上右④。是以偏将军居左，上将军居右，言以丧礼居之也。杀人众，以悲忱⑤立之。战胜，以丧礼处之。

【注释】

①左：双手工作的劳动者，意指自食其力者。

②右：指挥、命令、善于煽动他人的人。

③铦（xiān）：金属利器。铦袭：用金属利器快速穿插袭击，意指速战速决。

④上左的上是"垒积、促使"的意思；上右的上是"造成"的意思。

⑤忱：怀念、依恋之情。

【正解】

男人当兵组成军队，说明要打仗了，不是吉祥的国家机器，万物或许厌恶他们。所以有正确追求者，应该选择正确的人生道路。君子日常生活的可贵之处是自食其力，战时用兵则看重口才煽动和指挥，所以军队不是君子能够掌控的机器。军队不是吉祥的器物，不得已而使用他们，速战速决为上策。不要因为打了胜仗而沾沾自喜，如果沾沾自喜就是喜欢杀人，人喜欢杀人的话，不可以得己所愿于天下。所以吉祥美好的事，是由自食其力者促成的，痛苦伤亡是由煽动战争者造成的。所以不善于用兵打仗的将军居左，善于用兵打仗的将军居右。对于阵亡的士兵，言语要以处理家中丧事那样的态度去表达。杀人太多，要以悲哀怀念的心情到现场吊唁，战争胜利了，要以处理家中丧事那样的态度处理后事。

【助解】

兵者不祥：男人当兵就要面临死亡的威胁，肯定是不吉祥的事。

第三十二章　道弗敢臣

【繁体原文】

道：恒、無、名、楃、唯、小，而天下弗敢臣，侯王若守之，萬物將自賓。天地相合，以逾甘露。民莫之令而自均焉。始制有名，名亦既有，夫亦將知止，知止所以不殆，俾道之在天下也，猶小浴之與江海也。（引自《帛书〈老子〉甲本》《帛书〈老子〉乙本》《汉简本〈老子〉》互补、合校）

【简体】

道：恒、无、名、楃①、唯、小，而天下弗敢臣，侯王若守之，万物将自宾。天地相合，以逾甘露②，民莫之令而自均焉。始制有名，名亦既有，夫亦将知止，知止所以不殆③。俾道④之在天下也，犹小浴之与江海也。

【注释】

①楃：心灵之屋、信仰。

②甘露：两千多年前水和空气没有污染，雨露可以直接喝，所以称“甘露”。

③殆：危险、伤害。

④俾道：道的奴俾。

【正解】

道有以下特点：恒久、无为、名称多样、人类至高的信仰、唯一性、细小入微至万物之中，因而天下人轻易不敢说能超越它，让它称臣。侯王如果能守住它，万物将会自觉得像宾客一样相互敬畏。天地之间冷暖气流相互交汇，所以造成雨露。民众没有对它发号施令，却能够自然均匀。天地初始确立规则制度时，要给有形的万物起名称。万物的名称确立了，知道了它们的用处和相互关系，无道的男人们也就会知道适可而止，知道适可而止就可以不造成相互伤害。臣服、遵循“道”生活在天下，犹如小河谷流向江海。

【助解】

道弗敢臣：天道，只有去伪存真地顺应它，才可以使用它。

《黄帝内经》中的一段话：余闻上古有真人者提挈天地，把握阴阳，呼吸精气，独立守神，肌肉若一，故能寿敝天地，无有终时，此其道生。真人是不是让"道"臣服了？诸葛亮的"借东风"是不是在使用道呢？让"道"臣服呢？

"名亦既有"万物的名称确立了，才能保障它们长久的存在。

第三十三章　自胜者强

【繁体原文】

知人者，知也。自知者，明也。胜人者，有力也。自胜者，强也。知足者，富也。强行者，有志也。不失其所者，久也。死而不忘者，寿也。（引自《帛书〈老

子〉甲本》《帛书〈老子〉乙本》《汉简本〈老子〉》互补、
合校）

【简体】

知人者，知也。自知者，明也。胜人者，有力也。
自胜者，强也。知足者，富也。强行者，有志也。不失
其所①者，久也。死而不忘者，寿也。

【注释】

①所：根本、居所。

【正解】

认知他人的人，是向外求知。了解自身阴阳平衡
的人，才是明道之人。战胜他人的人，是有能力。能
够战胜自我的人，才是真正的强者。知道满足的人，
能体会到富有。努力实行的人，有自己的志向。不丧
失根本、居所的人，可以长久。身体死去而不被人们
遗忘的人，才是长寿之人。

【助解】

自胜者强：战胜自己体内有害的细菌，让自己不得病，才是真正的强者。

如何做到不生病呢？在当今社会，首先要做到节制自己的欲望，然后是不要过度劳累，劳逸结合。还有是多晒太阳，像老子说的万物负阴而抱阳。

第三十四章　万物归焉

【繁体原文】

道：渢呵，其可左右也，成功遂事而弗名有也。萬物歸焉而弗為主，則恒無欲也，可名於小。萬物歸焉而弗為主，可名於大。是以聖人之能成大也，以其不為大，故能成大。（引自《帛书〈老子〉甲本》《帛书〈老子〉乙本》《汉简本〈老子〉》互补、合校）

【简体】

道：汜①呵，其可左右也，成功遂事而弗名有也。万物归焉而弗为主^②，则恒无欲也，可名于小。万物归焉而弗为主，可名于大。是以圣人之能成大也，以其不为大，故能成大。

【注释】

①沨（fēng）：水势洪大而婉转的样子。
②主：这里是拿主意、判断的意思。

【正解】

道，宏大而婉转，它可以向左，也可以向右。成就了人们的辛劳，完成延续了人们期望之事，人们要正确地认识万物，并给它们命名，万物才会安全长久地存在。万物归属于道，因而要去伪存真地认识万物，遇到问题才可以做出正确的判断（也就是拿主意）。长久地以正确的无为思想，作为自己的追求和信仰，可以从观察、认识细小事物做起。万物归属于道，去伪存真，遇到问题才能做出正确的判断，才可配得上"大"的名号。因此圣人能够成就大的功绩，受人们敬仰，是因为他不直接为大，而是从细小之处做起，所以能成就大的功绩。

【助解】

万物归焉：万物开始于道，最终的归属也是"道"。

顺应天道、同于大道，不以一己私心胡作非为，才有资格给万物做主。

第三十五章　往而不害

【繁体原文】

執大象，天下往。往而不害，安平大。樂與餌，過客止。故道之出言也，曰：淡呵！其無味也。視之不足見也，聽之不足聞也，用之不足既也。（引自《帛书〈老子〉甲本》《帛书〈老子〉乙本》《汉简本〈老子〉》互补、合校）

【简体】

执大象，天下往。往而不害，安平大①。乐与饵②，过客止。故道之出言也，曰：淡呵！其无味也。视之不足见也，听之不足闻也，用之不足既^③也。

【注释】

①大：有道而没有战争的邦国，所以秩序井然。

②乐：是欢乐祥和的意思；饵：指食物。

③既：意指做到、实现。

【正解】

人牵着大象在街上行走的邦国，天下人乐意归往。归往而不会受到伤害，因为社会环境安定、和平、秩序井然。因为没有战争，所以有欢乐和食物，让他乡来此地谋生的客人止住了脚步。所以有道之人说出这样的话：平淡欢乐的生活啊，多让人向往！他不追求美味的食物。过去平淡的生活因为战争现在很难看到了。过去的鸡犬之声因为战争现在很难听到了。想恢复到过去那种平淡欢乐的生活，现在很难做到了。

【助解】

往而不害：往来于世界各国之间而不受到伤害。老百姓做不到这一点，有实力、有权势的人可以做到。

理解这一章要结合当时的情况，几个大的诸侯国为了吞并其他诸侯国，打得不可开交。而在南方有大象的小国却秩序井然，安定和平。有的人为了避开战争而远去他国，人们怀念过去那种平淡欢乐的生活，却难以实现。因而有了下一章：团结弱小邦国以战胜大国。联系后面的小国寡民。

第三十六章　友弱胜强

【繁体原文】

将欲拾之，必古張之；将欲弱之，必古強之；将欲去之，必古與之；将欲奪之，必古予之。是謂微明，友弱勝強。魚不可脱於淵，邦之利器不可以示人。（引自《帛書〈老子〉甲本》《帛書〈老子〉乙本》《汉简本〈老子〉》

互补、合校）

【简体】

将欲拾①之，必古②张之。将欲弱之，必古强之。将欲去之，必古与③之。将欲夺之，必古予④之。是谓微明，友⑤弱胜强。鱼不可脱于渊，邦之利器不可以示人。

【注释】

①拾：重新拾起、重新掌控。

②古：过去、以前；张：放松、放纵、张扬。

③与：参与，相互走得太近。

④予：给予。

⑤友：友谊、团结，相互帮助。

【正解】

将要重新掌控它，必然是以前放纵它了。将要削弱它，必然是以前无视了它的强大。将要离开他，必然是以前和他走得太近了。将要夺回什么，必然是以前给予的太多了。这就是细微之处明白平衡的道理。

团结弱势群体就可以战胜强大的敌人。鱼不可以脱离水渊，小邦的利器不可以展示给敌人。

【助解】

友弱胜强：团结弱势群体就可以战胜强大的敌人，以正确的思想取天下。

理解这一章也要结合当时的国家环境，小邦国越来越弱，大诸侯国越来越强，所以才出现合众连横，团结弱小邦国以战胜大国。

第三十七章　道恒无为

【繁体原文】

道恒無為也，侯王若守之，萬物將自愍。愍而欲作，吾將闐之以無，名之楃。闐之以無名之楃，夫亦將知足。知足以情，萬物將自正。（引自《帛书〈老子〉甲本》《帛书〈老子〉乙本》《汉简本〈老子〉》互补、合校）

【简体】

道恒无为也，侯王若守之，万物将自急。急而欲作，吾将阗[2]之以无，名之楃。阗之以无名之楃，夫亦将知足。知足以情，万物将自正。

【注释】

①急（guì）：修为自己的本心，用心做事。

②阗（tián）：意指教育真的东西，灌输真的东西，填塞真的东西。

【正解】

道是恒久地遵循自然的规律去运行，不会胡作非为。侯王如果能遵守大道生活、管理民众，万物将自觉地做好它们该做的事情。自觉、自然地生活，却因为欲望的诱惑将要胡作非为，我将教他们学习、领悟正确的思想，为他们正心，让他们建立正确的信仰，命名为心灵之屋。输入了正确的思想，有了心灵之屋，有了信仰；无道的人们也就会知道满足，知道满足是因为认识到了万物之"情"的真正意义，万物将自觉地遵循自然规律生活在天地之间。

【助解】

道恒无为：道是以无为的姿态恒久地运作。像太阳和地球一样几十亿年了，只做一个动作。

德论

第三十八章　上德无为

【繁体原文】

上德不德，是以有德。下德不失德，是以無德。上德無為而無以為也。上仁為之而無以為也。上義為之而有以為也。上禮為之而莫之應也，則攘臂而扔之。故失道，失道矣而後德，失德而後仁，失仁而後義，失義而後禮。夫禮者，忠信之泊也，而亂之首也。前識者，道之華也，而愚之首也。是以大丈夫居其厚而不居其泊，居其實而不居其華。故去彼取此。（引自《帛書〈老子〉甲本》《帛書〈老子〉乙本》《汉简本〈老子〉》互補、合校）

【简体】

上①德不德，是以有德。下德不失德，是以无德。上德无为而无以为也，上仁为之而无以为也，上义②为之而有以为也。上礼为之而莫之应也，则攘臂而扔之。故失道，失道矣而后德，失德而后仁，失仁而后义，失义而后礼。夫礼者，忠信之泊③也，而乱之首也；前识者，道之华④也，而愚⑤之首也。是以大丈夫居其厚而不居其泊，居其真而不居其伪⑥。故去彼取此。

【注释】

①上：上等、高尚、崇尚。

②义：意指人的处事原则要像公羊决斗那样公平，就是平等的意思。

③泊：漂泊不定。

④华：精华、繁华。

⑤愚：简单、纯朴、没有心机。为了呼应六十五章"为道者非以明民也，将以愚之也"，这个"愚"字就是简单、纯朴的意思。

⑥原文为"居其实而不居其华"按原文往前推，华是浮华的意思。"前识者"仅指有"夫礼者，忠信之泊也，而乱之首也"这样认识的人。愚也就变成愚昧的意思了，与六十五章的"愚"字相矛盾，这里改为"居其真而不居其伪"，"前识者"指从"上得不得……而乱之首也"范围扩大了，这样这一章里没有矛盾了，

和六十五章也不矛盾了。

【正解】

上德之人顺其自然不表现他的德，是真正有德。下德之人行式上不失得，实际上没有德。上德之人顺其自然节俭地去生活，而没有以一己私心去胡作非为。真正仁爱天下之人，为天下人做了一些好事，而不是出于一己私利。崇尚平等之人有作为是出于自己的利益，做不到真正的平等。崇尚礼仪之人只做一些表面文章因而天下人不响应，则被百姓攘臂围困而且捡起土块扔向他。因此失去了道，失去了道而后提倡德，失去了德而后提倡仁，失去了仁而后提倡义，失去了义而后提倡虚伪的礼仪。只重视礼仪的人，他的忠信是漂泊不定的，因而是祸乱的开始。具有以上认识的人应该了解道的精华，而作为简单、纯朴的开始，因此，大丈夫立身应该淳厚稳重而不是左右漂泊。为人处世真诚守信而不是虚伪奸猾，所以要去伪存真。

【助解】

上礼之人指"夫礼者"就是孔子，也称孔夫子。孔子提倡恢复周礼、非常重视礼仪，把人分为君君、臣臣、贵族、平民等等几个等级。孔子周游列国时在陈国的匡城被士兵和百姓围困五天，还被百姓扔土块。所以老子说："上礼为之而莫之应也，则攘臂而扔之"。

上德无为：上德之人顺其自然、节俭地生活，没有以一己私心去胡作非为。

第三十九章　天地得一

【繁体原文】

昔之得一者，天得一以清，地得一以寧，神得一以靈，浴得一以盈，侯王得一以為天下正。其至之也。天毋已清將恐蓮，地毋已寧將恐發，神毋已靈將恐歇，浴毋已盈將恐渴，侯王毋已貴以高將恐欮。故必貴而以賤為本，必高矣而以下為基。夫是以侯王自謂孤寡不穀，此其以贱之本與？非也！故致數與無與，是故不欲，祿祿若玉、硌硌若石。（引自《帛书〈老子〉甲本》《帛书〈老子〉乙本》《汉简本〈老子〉》互补、合校）

【简体】

昔之得一①者：天得一以清，地得一以宁，神得一以灵，浴②得一以盈，侯王得一以为天下正，其至之也。天毋已清将恐莲③，地毋已宁将恐发，神毋已灵将恐歇，浴毋已盈将恐渴，侯王毋已贵以高将恐厥④。故必贵而以贱为本，必高矣而以下为基。夫是以侯王自谓孤、寡、不穀⑤，此其以贱之本与⑥？非也，故致数与无与，是故不欲，祿祿若玉、硌硌⑦若石。

【注释】

①一：本性，唯一的使命、唯一的责任。

②浴：山涧，即山间的流水。

③莲：连在一起，相互撞击。

④厥：昏厥。

⑤孤、寡、不穀：孤单、寡欲、不积财富。

⑥与：参与、授予名号、做到。

⑦硌硌（luò）：很多大石头，建宫殿用得着很多大石头。

【正解】

自古以来能够悟得本性，履行自己唯一使命的有：天得到它的本性是清静；地得到它的本性是安宁，神得到它的本性是灵通；山涧的流水得到它的本性是充盈；侯王悟得了他的本性，才可以引领天下走向正确的道路，这是他们唯一至高的使命。天一旦失去了清静，天体之间将恐怕会连在一起相互撞击；地一旦失去了安宁，将恐怕会有地震、火山爆发；神一旦失去了灵通将会歇息；山间的流水一旦不充盈，将来恐怕会有动植物渴死；侯王如果不具有心系天下这种可贵的品质以高位自居，将来恐怕会有被人推翻的那一天。所以必须要有心系天下这种可贵的品质，而且要以看似贫贱的民众为本；必须要有高瞻远瞩引领天下的正确思想，而且以天下的万物苍生为根基。身处高位的男人以侯王自称"孤、寡、不毂"，这是他们以贱为本吗？

不是的，所以他们多次强调这样的称谓，却没有做到只是说说而已。所以不追求太多的欲望，过多的俸禄就像玉器一样放在家里没有用处，建宫殿用的大石头也就是普通的石头。

【助解】

天地得一：天地都悟得了它的本性，恒久地履行它唯一的使命。

老子说：天得一、地得一、神得一、浴得一，是告诉各位侯王，你们也必须得一！侯王往往自认为"大"得了不起，你有河谷、神灵、地球、宇宙大吗？就像前文的"天有道、地有道、侯王也必须有道"一样，用天地的德行，作为侯王、官僚行事的榜样和参照。

第四十章　善始善成

【繁体原文】

上士聞道，董能行於其中。中士聞道，若存若亡。

下士闻道，大笑之；弗笑，不足以为道。是以建言有之曰：明道如孛，进道如退，夷道如颣；上德如浴，大白如辱，广德如不足，建德如榆，质真如愉，大方无禺，大器曼成，大音希声，天象无刑，道褒无名。夫唯道，善始且善成。(引自《帛书〈老子〉甲本》《帛书〈老子〉乙本》《汉简本〈老子〉》《楚简本〈老子〉》互补、合校)

【简体】

上士①闻道，堇②能行于其中。中士闻道，若存若亡。下士闻道，大笑之；弗笑，不足以为道。是以建言有之曰：明道如孛③，进道如退，夷④道如类；上德如浴，大白⑤如辱，广德如不足；建德如榆⑥，质真如悦，大方无禺⑦；大器曼⑧成，大音希声⑨，天象无刑⑩。道褒⑪无名，夫唯道，善始且善成。

【注释】

①上士：上进求真者；中士：上进求名利者；下士：不上进也不求真，只求名利者为下士。

②堇：细致谨慎，理解为"勤"也不算错误。

③孛（bèi）：古书指光芒强盛的彗星。

④夷（yí）：从大、弓，意指大而通达的形象；夷道：同与道。

⑤大白：大的成就。参见 28 章，知白守黑。

⑥榆：榆树。

⑦禺（yù）：本指一种猴，这里指左顾右盼，行为不稳重，走弯路。

⑧曼：同慢，慢慢。

⑨声：指人为的"宫、商、角、徵（zhǐ）、羽"五声。

⑩刑：工具。

⑪褒（bāo）：博大、包容。

【正解】

上进求真之人听别人讲道，会细致谨慎地实行于其中。上进求名利之人听别人讲道，他感觉"道"好像存在又好像不存在。不上进也不求真之人听别人讲道，哈哈大笑，这种蔑视的笑不足以修为道。所以古人亲身体会后留下几句话：明白"道"如同万丈光芒照亮你的内心，进入"道"如同退出了世俗社会，同于"道"就与道类似。上德之人好像山间的流水不求回报。成就大事业好像就得忍受屈辱。大多数人的德行好像是不知道满足。重新建立道德就像种树一样，要一棵棵浇灌。质朴纯真的人能保持快乐。人生有正确的大方向，就不会走弯路。大的器物要慢慢逐渐形成。大自然有风雨声、鸡狗叫声，很少有人为的"宫、商、角、徵、羽"五声。天象是自然而成的，不需要工具。"道"博大、包容，没有恒定的名称。男人唯有依道行事，才能做到正确的开始，成就有益的功绩。

【助解】

善始善成：正确良好的开端，才能成就有益于万物、有益于人类的功绩。

上士对应上德，中士对应大白，下士对应广德。改为"质真如悦"是为了避免同音。"大白如辱"和二十八章中"知白守辱"是不是都在暗指越王勾践呢？

任何大的事物、大的功绩，都是由细微的东西，一点一滴积累起来的，就是"大器曼成"。

第四十一章　道生万物

【繁体原文】

返也者，道之動也。弱也者，道之用也。天下之物生於有，有生於無。道生一、一生二、二生三、三生萬物。萬物負陰而抱陽，中氣以為和。天下之所惡，唯孤寡不穀，而王公以自名也。物或損之而益，益之而損。故人之所教，夕議而教人。故強良者不得死，我將以為學父。（引自《帛书〈老子〉甲本》《帛书〈老子〉乙本》《汉简本〈老子〉》互补、合校）

【简体】

返也者，道之动也。弱也者，道之用也。天下之物生于有，有生于无。道生一、一生二、二生三、三生万物。万物负阴①而抱阳，中气以为和。天下之所恶，唯孤、寡、不穀，而王公以自名也。物或损②之而益，益之而损。故人之所教，夕议③而教人。故强良者不得死，我将以为学父④。

【注释】

①负阴：阴指有形的身体，负阴就是亏欠身体，常有饥饿感。

②损：减少、不足。

③夕议：夕指太阳要落还没落的时候，还能看见文字，还有复返的意思；夕议就是趁着还能看到文字反复议论。

④学父：学习的老师，自古师若父。

【正解】

循环往复是道运动的规律。柔弱者是道作用的基础。天下的万物是由有形的物质生成的，有形的物质是由无形的、看不见的、细微的物质通过有规律地结合生成的。道生了一切万物，所以万物都分阴阳两性，阴阳两性相合产生下一代，如此循环往复，万物才不会灭绝。万物有形的身体常有饥饿感而喜欢拥抱阳光，晒太阳可以平衡阴阳两气以达到平和舒缓的目的。天下人所厌恶的就是孤单、寡欲、没有财富，而王公却以此自称。万物中有的万物不足时会自行增益，过多时会自行减少。所以人将要教给他人的知识，要经过反复讨论它的真伪才可以教给他人。身体强壮、有正确信仰、有大智慧的人不会轻易死亡，我将以他们作为我学习的老师。

【助解】

道生万物：看似形态不同、千奇百怪的万物，它们都有一个开始起源，这个起源就是道。所以是道生了万物。

负阴抱阳，还可以理解为：吃饭七分饱，亏欠着点儿身体，多晒太阳。尤其对不缺食物的人类最合适。

万物中除了人类其他物种的生存环境都很艰难，都吃不饱饭。植物不用说了天天晒太阳，动物靠晒太阳增加体温，所以老子说："万物负阴而抱阳"。大自然对万物是啬的，所以老子说："治人事天莫若啬"。人因为有了智慧，上天的"啬"字已经无法约束人类，所以老子说："一曰兹、二曰俭、三曰不敢为天下先"。

老子要人们自觉得懂得节约以顺应天道。

"天下之所恶唯孤寡不毂，而王公以自名也。"此句在五千言中多次出现，老子在讲这些王公的虚伪，挂着羊头卖狗肉，披着羊皮的狼。

第四十二章　无为有益

【繁体原文】

天下之至柔，馳騁於天下之至堅，無有人於無間。吾是以知無為之有益也。不言之教，無為之益，天下希能及之矣。（引自《帛书〈老子〉甲本》《帛书〈老子〉乙本》《汉简本〈老子〉》互补、合校）

【简体】

天下之至柔，驰骋①于天下之至坚，无有人于无间②，吾是以知无为之有益也。不言③之教，无为之益，天下希能及之矣。

【注释】

①驰骋：意指快速穿透、通达。

②间：间隙。

③不言：意指不发表主观言论，不说空洞、不切实际的话，要以身作则。

【正解】

天下最柔弱的东西能够通透到天下最坚实的地方，无形的存在（像电波、能量）能进入没有间隙的物体内，我是以身心感知到顺应自然、不胡作非为所带来的益处了。身体力行，不以空洞的说教，去教导他人的方式；顺应自然、不胡作非为所带来的益处，天下很少有人能比得上。

【助解】

无为有益：顺应自然、节俭地去生活，不以一己私心胡作非为，不欺骗他人、不制造垃圾；对他人和万物赖以生存的环境有很大的益处。

大多数人在追逐名利，以有为的方式生存在世界上，所以很难达到老子那种"无为"的境界。

第四十三章　多藏厚亡

【繁体原文】

名與身孰親? 身與貨孰多? 得與亡孰病? 甚愛必大費，多藏必厚亡。故知足不辱，知止不殆，可以長久。（引自《帛书〈老子〉甲本》《帛书〈老子〉乙本》《汉简本〈老子〉》互补、合校）

【简体】

名与身孰亲? 身与货孰多? 得与亡孰病? 甚爱必大费，多藏必厚亡。故知足不辱，知止不殆①，可以长久。

【注释】

①殆：古同"怠"，倦怠、松懈。人在疲倦的时候遇到危险无力逃走，所以很危险，容易受到伤害。

【正解】

名誉与身体哪一个更亲近呢？身体与货物哪一个是多余的呢？得到名利却亡了身体，哪一个是病态呢？过分地爱一个人，必定会大量地耗费你的精气神；过多地积藏财富必定会导致厚重、根本的东西逐渐消亡。所以知道满足不会受到羞辱，知道适可而止就不会倦怠、不会有危险，生命可以长久。

【助解】

多藏厚亡：厚，什么最厚呢？天高地厚，大地最厚！厚亡：地球环境遭到破坏，万物逐渐消亡。一些人不懂得保护环境导致地球环境严重破坏，全球气候变暖，土地污染、水源污染、毒雾霾等等。

第四十四章　大成若缺

【繁体原文】

大成若缺，其用不敝。大盈若盅，其用不穷。大直

如詘，大巧如拙，大赢如炳。躁勝寒，靓勝炅，請靓
可以为天下政。

（引自《帛书〈老子〉甲本》《帛书〈老子〉乙本》《汉
简本〈老子〉》《楚简本〈老子〉》互补、合校）

【简体】

大成若缺，其用不敝①。大盈若盅，其用不穷②。
大直如詘③，大巧如拙，大赢如炳④。躁胜寒，靓胜
炅⑤，请靓可以为天下政。

【注释】

①敝：陈旧，意指衰老、消亡。

②盅：像不倒翁一样蓄势待发，参见第四章对"盅"
的解释；穷：这里是用尽、中断的意思。

③詘（qū）：嘴笨。

④炳（nèn）：内心有火。

⑤靓：通静；炅：太阳晒得很炎热。

【正解】

大的成就好像有所欠缺，它的作用才不会陈旧消亡。大的充盈好像不倒翁一样，蓄势待发，它的作用才可以延续不断。非常直率的人话少，好像嘴笨；大自然巧夺天工，跟人类比好像很笨拙；最大的赢家好像心中有团火。跳动可以战胜寒冷，清静可以胜过炎热。常常提醒自己保持冷静，可以作为天下的管理者。

【助解】

大成若缺：大自然中的万物是一个整体就是"大成"，每个物种都吃不饱饭，都有天敌，就是"若缺"。这种"若缺"促使万物顽强地去生存、繁衍后代。人类似乎什么都不缺，没有天敌，却破坏环境。

第四十五章　有道知足

【繁体原文】

天下有道，却走馬以糞。天下無道，戎馬生於郊。

罪莫大於可欲，禍莫大於不知足，咎莫憯於欲得。故知足之足，恒足矣。（引自《帛书〈老子〉甲本》《帛书〈老子〉乙本》《汉简本〈老子〉》互补、合校）

【简体】

天下有道，却走马以粪①。天下无道，戎马生于郊。罪莫大于可欲②，祸莫大于不知足，咎③莫惨于欲得。故知足之足，恒足矣。

【注释】

①粪：意指耕田劳作。
②可欲：故意引诱、放纵人的欲望。
③咎：过失、错误。

【正解】

天下顺大道运作时，却将奔跑的马儿用作耕田。天下无道战乱四起时，待产的母马变成战马，在郊外产仔。最大的罪恶就是放纵人的欲望，祸患没有大于不知足的，过失没有惨于想要获得种种外物的（即贪得无厌）。所以知道满足的满足，才是长久的满足。

【助解】

有道知足：有道的社会，人们才会懂得满足，懂
得适可而止。

有道的社会万物才能各归其位、安定祥和、长生
久视。

第四十六章　弗为而成

【繁体原文】

不出於戶，以知天下。不窺於牖，以知天道。其出
也彌遠，其知也彌少。是以聖人不行而知，不見而名，
弗為而成。（引自《帛書〈老子〉甲本》《帛書〈老子〉
乙本》《汉简本〈老子〉》互补、合校）

【简体】

不出于户，以知天下。不窥于牖^①，以知天道。其

出也弥②远，其知也弥少。是以圣人不行而知，不见而名，弗③为而成。

【注释】

①牖（yǒu）：窗户。

②弥（mí）：更加、越发。

③弗：去伪存真。

【正解】

不用出家门，以自己的身心就可感知天下事，不用看窗外的事物，以自己的身心就可悟得天道。迷惑的人出走得越远，他的真知也就越少。所以圣人不用远行而知天下，不用表现而有名气，去伪存真的作为而成就功绩。

【助解】

弗为而成：去伪存真、顺应天道的作为，才会成就有益的功绩。

天下事逃不过天道，人的身心就是一个小宇宙，悟得人道就能悟及天道。所以"不出于户，不窥于牖"。迷惑的人走得远，把时间精力都浪费在行路上了，不能静心向内求，所以他对道的认知就很少。

第四十七章　为道日损

【繁体原文】

學者日益，為道者日損。損之又損，以至於無為，無為而無不為。取天下也，恒無事，及其有事也，不足以取天下。（引自《帛书〈老子〉甲本》《帛书〈老子〉乙本》《汉简本〈老子〉》互补、合校）

【简体】

为学者日益①，为道者日损②。损之又损，以至于无为，无为而无不为。取天下也，恒无事，及其有事也，不足以取天下。

【注释】

①益：利益、好处。

②损：减少。

【正解】

想有所作为而求学者知识越来越多，也想获得更多的利益；向内求道者需求越来越少，减少又减少，以至于顺应自然，不以一己私心去胡作非为。顺其自然，才能草木丰盛，万物兴旺（也就是无不为）。取天下者要忠守正确的信仰和思想，做顺应自然的事。如果他生出种种事端，是磨炼不足，难以取天下的。

【助解】

为道日损：悟道、修道之人，对外物的需求会越来越少。这就是悟道、修道者，还有道教之人都喜欢在山上找一个清静之地立足的原因。

第四十八章　圣人咳之

【繁体原文】

聖人恒無心，以百姓之心為心。善者善之，不善者亦善之，德善也。信者信之，不信者亦信之，德信也。聖人之在天下，惵惵焉，為天下渾心，百姓皆屬其耳目焉，聖人皆咳之。（引自《帛書〈老子〉甲本》《帛書〈老子〉乙本》《汉简本〈老子〉》互补、合校）

【简体】

圣人恒无心①，以百姓之心为心。善者善之，不善者亦善之，德善也。信者信之，不信者亦信之，德信也。圣人之在天下，惵惵②焉，为天下浑心③，百姓皆属其耳目焉，圣人皆咳④之。

【注释】

①无心：以"无"为心，没有争名夺利的私心。

②愶（xī）：意指收敛。

③浑心：从众人的心愿中找共同点。

④咳：咳嗽，意指圣人为天下苍生的疾苦感到不舒服。

【正解】

圣人恒久地忠守正确的思想和信仰，也就是良心，以百姓"心之所想"为己心。对于善良的人善待他；对于不善良的人，教他明白守善、行善的好处，也把他改造成善良之人，使他的品德回归善良。对于诚信的人相信他；对于不诚信的人，教他明白守信给他带来的好处，也把他改造成诚信之人。圣人的品德值得天下人相信。圣人有至高的使命！收敛又收敛他的私心，为天下人的心愿找一个共同点，就是长生久视。百姓都好像是他的耳朵和眼睛那么重要。百姓有了灾难，圣人也会感到咳嗽、不舒服。

【助解】

圣人咳之：圣人对天下百姓的疾苦感同身受，所以会咳嗽不舒服。

前文"圣人不仁，以百姓为刍狗"和这一章意思相近，对百姓一视同仁，没有偏爱。

为什么会有不善良和不诚信的人？是谁造就了这些人？这是问题的关键。是无道的思想、是逆天而行的作为、是无限的贪欲，让一些人逐渐抛弃了良知和良心。变得奸诈虚伪、唯利是图，为了一己私利坑蒙拐骗，无所不用其极。

第四十九章　出生入死

【繁体原文】

出生入死。生之徒十有三，死之徒十有三，而民生生，動皆之死地之十有三。夫何故也？以其生生也。蓋聞善執生者，陵行不避兕虎，入軍不被甲兵。兕無所投其角，虎無所措其蚤，兵無所容其刃。夫何故也？以其無死地焉。（引自《帛书〈老子〉甲本》《帛书〈老子〉乙本》《汉简本〈老子〉》互补、合校）

【简体】

出生入死：生之徒十有三，死之徒十有三，而民生生，动①皆之死地之十有三。夫何故也？以其生生也。盖②闻善执生者，陵行不避兕③虎，入军不被甲兵。兕无所投其角，虎无所措其爪④，兵无所容其刃。夫何故也？以其无死地焉。

【注释】

①动：动乱战争。

②盖：曾经、大概。

③兕：古指犀牛。

④爪：甲、乙本原作"蚤"。

【正解】

人出生以后一不小心就会陷入死地。人出生以后生存下来的十有三，很快死亡的十有三；民众在和平生活中能正常生活，动乱战争时都面临死亡，陷入死地者十有三。这是什么缘故呢？因为他们在和平生活中生出种种欲望，只顾享受生活，没有面对动乱战争的准备，所以会陷入死地。曾经听说善于把握自我生命的人，在山陵中行走不回避犀牛和老虎，进入军队不被用作穿铠甲的士兵（因为他是将帅之才）。犀牛用不上它的角，老虎用不上它的爪，士兵用不上他们的兵刃。这是什么缘故呢？因为他们从小修道、习文、练武身怀各种技能，所以不会陷入死亡的境地。

【助解】

理解这一章要考虑修道的环境，修道多在山上，山中的野兽他们常遇到自有应对的方法，所以不回避。像诸葛亮这样的将帅之才，是不用披甲冲在第一线的。他善于指挥战争，以不战而屈人之兵，所以"兵无所容其刃"。

第五十章　尊道贵德

【繁体原文】

道生之而德畜之，物刑之而器成之。是以萬物尊道而貴德。道之尊、德之貴也，夫莫之爵而恒自然也。道生之、畜之、長之、遂之、亭之、毒之、養之、復之。生而弗有也，為而弗寺也，長而弗宰也，此之謂玄德。（引自《帛書〈老子〉甲本》《帛書〈老子〉乙本》《汉简本〈老子〉》互补、合校）

【简体】

道生之而德畜①之，物刑之而器成之，是以万物尊道而贵德。道之尊、德之贵也，夫莫之爵②而恒自然也。道生之、畜之、长之、遂之、亭之、毒之③、养之、复之。生而弗有也，为而弗寺④也，长而弗宰也，此之谓玄德。

【注释】

①畜：培养、积蓄。

②爵（jué）：这里是把持、控制的意思。

③毒：是"凝聚"的意思。

④寺：本指有法度的地方，这里指自然法则。

【正解】

道生了万物，而万物顺着自然规律才能长大繁衍。万物做成简单的工具，由这些简单的工具逐渐做成复杂精美的器物。所以万物都尊敬天道，而可贵之处就是依天道而行，这就是德。再次强调道之尊，德之贵也。人们不要老想着要控制什么，而是一直让它们自然生存。道生万物，蓄养万物，使万物成长，伴随延续万物，有天然的洞穴、凉亭供它们避风雨，使万物凝聚成果实，也有休养的冬季，依此循环往复，万物才不会灭绝。道既然生了万物，因而万物就该去伪存真地去繁衍生息；有所作为，而应该遵循自然法则；自然生长，而不要妄想主宰什么，这就是有形万物之德。

【助解】

尊道贵德：万物内心都尊敬天道，最可贵之处是依天道而行，不胡作非为，就是"德"。

道生之、畜之为春季，长之、逐之为夏季，亭之、毒之为秋季，养之、复之为冬季。

这一章老子告诉我们，我们应该"尊道而贵德"，不要逆天而行，这样才符合"道"，才可以顺应自然。

第五十一章　天下有始

【繁体原文】

天下有始，以為天下母。既得其母，以知其子，復守其母，沒身不殆。塞其逸，閉其門，終身不勤。啟其逸，濟其事，終身不棘。見小曰明，守柔曰強。用其光，復歸其明。毋遺身央，是謂襲常。（引自《帛書〈老子〉甲本》《帛書〈老子〉乙本》《漢簡本〈老子〉》互补、合校）

【简体】

天下有始，以为天下母。既得其母，以知其子，复守其母，没①身不殆。塞其逸②，闭其门，终身不勤。启其兑，济其事，终身不棘③。见小曰明，守柔曰强。用其光，复归其明，毋遗身央，是谓袭④常。

【注释】

①没：隐没、保护。

②遆（duì）：行走着交流、交换；意指没有理性的言行。

③棘（jì）：带刺的灌木，牛羊不吃、做不成工具，没什么用，所以很安全。

④袭：照样做，照样继续下去，沿袭。

【正解】

天下有起源开始，这个开始为天下的母亲。既然悟得了天下的母亲，以这个母亲可以了解他的孩子——万物，返回到母亲身边，聆听母亲的教诲、遵守母亲的行事风格，保护好自己的身体，才不会有危险。阻止人们异常的言行，关闭人们的纵欲之门，终身不必辛苦操劳；开启他们无道任性的交流，帮助他们做违反自然规律的事，终生不会像带刺的灌木那样安全。能观察到细微之处，才称得上明白人。能守住柔弱不树敌，安全地生存下去，才是真正的强者。用了祖先的光明智慧，要把这些功德返还给祖先，不要把自己置于功德的中央，否则会遗臭万年！这些是炎黄子孙的优良传统。

【助解】

天下有始：天下的万物都有起源开始，万物共同的母亲，老子把它称为"道"。天下有一个正确的开始，我们炎黄子孙应该保持、延续这种正确的思想，顺应自然规律生活在天地之间，才能做到老祖宗所说的"天人合一"。

第五十二章　盗竽是畏

【繁体原文】

使我挈有知也，行於大道，唯他是畏。大道甚夷，民甚好解。朝甚除，田甚蕪，倉甚虛。服文采，帶利劍，厭飲食，貨財有餘。是謂盜竽。盜竽，非道也。（引自《帛书〈老子〉甲本》《帛书〈老子〉乙本》《汉简本〈老子〉》互补、合校）

【简体】

使我挈①有知也，行于大道，唯他是畏。大道甚夷②，民甚好解。朝甚除③，田甚芜，仓甚虚；服文采，带利剑，厌饮食，货财有余；是谓盗竽④。盗竽，非道也。

【注释】

①挈（jié）：保持、束缚。

②夷（yí）：通达、宽阔。

③朝：朝廷的宫殿；除：台阶很多，意指宫殿很高大。

④竽（yú）：管乐器。

【正解】

使我保持着对社会的清醒认识，行于大道之中，唯有这样的人让人们感到畏惧。大道很是宽阔、通达，民众善解人意好管理。朝廷的宫殿很高大，而田地荒芜，粮仓空虚；朝廷之人的衣服穿着很华丽，带着利剑，食物多到挑拣着吃，货物、钱财有很多剩余，这就是强盗吹竽器（或强盗说好听话）。强盗吹竽再好听也是强盗，不是有道之人。

【助解】

盗竽是畏：强盗假惺惺地说好话是很可怕的。披着羊皮的狼、比真正的狼对老百姓的祸害要大得多。

第一句联系上一章，什么使我保持着？或我保持着什么？是炎黄子孙的优良传统，使我保持着对社会的清醒认识。

第五十三章　建者不污

【繁体原文】

善建者不拔，善抱者不脱，子孫以祭祀不絕。修之身，其德乃真。修之家，其德有餘。修之鄉，其德乃長。修之邦，其德乃豐；修之天下，其德乃博。以身觀身，以家觀家，以鄉觀鄉，以邦觀邦，以天下觀天下。吾何以知天下之然？以此。（引自《帛書〈老子〉甲本》《帛

书〈老子〉乙本》《汉简本〈老子〉》《楚简本〈老子〉》互补、合校）

【简体】

善建者不污①，善抱者不脱，子孙以祭祀不绝。修之身，其德乃真；修之家，其德有余；修之乡，其德乃长；修之邦，其德乃丰；修之天下，其德乃博。以身观身，以家观家，以乡观乡，以邦观邦，以天下观天下。吾何以知天下之然？以此。

【注释】

①污：把"拔"字改成为"污"字，是因为时代变了，提高我们的环保意识，解决我们面临的环境问题。

【正解】

善于建设者不会污染环境，善抱初心者不会脱离祖先的教诲。子孙以身作则，践行祖先的教诲不绝断。祖先的教诲，修为自己的身体，他的德是真德。修为他的全家人，他的德开始扩散、传播。修为他的邻里乡亲，他的德可以让他做长官了。修为他的种族邦国，他的德结出了丰硕的果实。修为造福天下，他的德是真正的博大、包容。以自己的身体观察别人的身体，以自己的家观察别人的家，以自己的乡镇观察别人的乡镇，以自己的邦国观察其他邦国，以现在的天下观察、对比过去的天下，我以什么知道天下事物的规律呢？就是以此。

【助解】

建者不污：真正为老百姓建设美好家园的人，是不会去污染环境的。

2014 年人民网的数据：中国每年产生 10 亿多吨垃圾，全世界数一数二，而且更可怕的是，城镇生活垃圾还在以每年 8% 左右的速度在递增。2016 年中国生产了 21 亿部手机，现在手机淘汰得太快了，有多少手机变成了电子垃圾？还有塑料垃圾、建筑垃圾等等。

从这一章可以看出老子的"祭祀"是身体力行，以身作则地去践行。

第五十四章　赤子厚德

【繁体原文】

含德之厚者，比於赤子。蜂蠆蛇蠍弗螫，攫鳥猛獸弗搏，骨弱筋柔而握固。未知牝牡之會而脧怒，精之至也。終日嚎而不憂，和之至也。和曰常，知和曰明，益生曰祥，心使氣曰強。物壯即老，謂之不道，不道蚤已。（引自《帛书〈老子〉甲本》《帛书〈老子〉乙本》《汉简本〈老子〉》《楚简本〈老子〉》互补、合校）

【简体】

含德之厚者，比于赤子①。蜂虿蛇蝎弗螫②，攫鸟猛兽弗搏③，骨弱筋柔而握固。未知牝牡之会而脧怒④，精之至也；终日嚎而不忧，和之至也。和曰常，知和曰明，益生曰祥，心使气曰强。物壮即老，谓之不道，不道蚤已。

【注释】

①赤子：婴儿刚生下来时是赤色的，故称赤子。

②虿（chài）：毒虫；螫（shì）：蜇咬。

③攫（jué）鸟：掳掠、抓取的鸟类；搏：指抓捕。

④朘（zuī）怒：男性起阳；牝：雌性、女性；牡：雄性、男性。

【正解】

具有深厚道德者，可以与初生的婴儿相比。蜂虿蛇蝎不一定蛰咬他，鹰隼猛兽不一定会抓捕他。骨弱筋柔而手握得很牢固，不知雌雄交合而能起阳，是精气充足的表现。整天嚎叫而不忧愁，是阴阳调和的结果。阴阳调和可以说是人的常态，知道阴阳调和道理的是明白人，有益于生命就是吉祥。心腹的正气能畅通运行（也就是经络通畅），身体才会强壮。事物到了强壮的顶峰，即刻衰老下去，可以说是不符合天道。不符合天道，就像跳蚤一样稍纵即逝。

【助解】

赤子厚德：刚生下的婴儿像动物一样纯真、没有心计，所以他具有深厚的道德。

老子用"弗螫、弗搏"而没用"不螫、不搏"，说明还有一定的条件，所以理解为"不一定"。

第五十五章　知言同弗

【繁体原文】

知者弗言，言者弗知。塞其逬，閉其門，和其光，同其塵，坐其閱，解其紛，是謂玄同。故不可得而親，亦不可得而疏；不可得而利，亦不可得而害；不可得而貴，亦不可得而賤；故為天下貴。

（引自《帛书〈老子〉甲本》《帛书〈老子〉乙本》《汉简本〈老子〉》《楚简本〈老子〉》互补、合校）

【简体】

知者弗言，言者弗知。塞其兑，闭其门，和其光，

同其尘①，坐其阅②，解其纷，是谓玄同。故不可得而亲，
亦不可得而疏；不可得而利，亦不可得而害；不可得而
贵，亦不可得而贱；故为天下贵。

【注释】

①尘：意指正确的人生道路。

②阅：阅读、学习，这一章主要讲知识，所以理解为：
认真阅读、学习。

【正解】

有知识的人说话应当小心谨慎，去伪存真；同理，
立言教育别人的人对万物要有去伪存真的认知。阻
止他们错误的言行，关闭他们纵欲的大门，调和他
们耀眼光彩之处，引导他们共同走向正确的人生道
路。坐下来认真学习自然之道，解开自己心中的纷
争和不明之处，就是为了了解万物的共同点和规律。
所以不可以为了得到甲而过分亲近甲，也不可以为
了得到甲而疏远乙；不可以为了得到甲而用获利诱
惑甲，也不可以为了得到甲而伤害乙；不可以为了

得到甲而人为抬高、偏爱甲，也不可以为了得到甲而去低贱乙。能做到以上这些的，为天下少有的得道之人。

【助解】

知言同弗：我们对万物的认知和我们说的话都要去伪存真，保持正确的思想和信仰。

"不可得而亲……亦不可得而贱"可以理解为：不以个人的好恶而诱惑、造成他人走向错误的人生道路。这段话的解释有多种，这里不一一举例。

第五十六章　天下无事

【繁体原文】

以正治邦，以㽞用兵，以無事取天下。吾何以知其然也？夫天下多忌諱，而民彌貧。民多利器而邦家滋昏。人多知，而哦物滋起，法物滋章，而盜賊多有。是以聖人之言曰：我無為也而民自化，我好靜而民自正，我無事而民自富，我欲不欲而民自楃。（引自《帛书〈老子〉甲本》《帛书〈老子〉乙本》《汉简本〈老子〉》《楚简本〈老子〉》互补、合校）

【简体】

以正治邦，以戠①用兵，以无事取天下。吾何以知其然也？夫天下多忌讳，而民弥贫；民多利器而邦家兹②昏。人多知而哦③物兹起，法物兹章④而盗贼多有。是以圣人之言曰：我无为也而民自化⑤，我好静而民自正。我无事而民自富，我欲不欲而民自楃⑥。

【注释】

①戠（qí）：奇特的兵器，意指出奇制胜，出其不意。

②兹：同"滋"，滋生、更加。

③哦（kē）：可以杀人的武器。

④章：这里是条目、规程的意思。

⑤化：认可接受而有了变化。

⑥楃：心灵的房屋、归宿，正确的信仰。

【正解】

以天下万物共存，这种正确的思想治理邦国；以出奇制胜、出其不意的方法用兵，以顺应自然不生事的思想，取得天下人的认可，从而引领天下。我以什么了解天下这些规律呢？无道的统治者禁忌的事越多，导致民众越贫困。民间的武器越多，国家就会滋生很多混乱。人的知识技巧越多，各种用于战争杀人的武器就会滋生兴起。法律立了很多条目，是因为盗贼多而且有了财富。所以圣人的话这样说：我顺其自然，以正确的思想引领天下，民众自会认可接受而有变化。我喜欢清静，民众也会效法，因而民风自会端正。我没有以一己私心，生出种种事端，因而民众自然会勤劳致富。我的欲望不是世俗之人追求名利的欲望，因而民众的心灵有了归宿，有了正确的信仰，自然会和平安定。

【助解】

天下无事：天下本来是没有动乱、没有战事的，是因为某些无道的统治者，为了实现个人的私欲而挑起战争，祸害天下民众，祸害天下万物。

老子是讨厌战争的，前文讲"兵者，不祥之器也"。但是当敌人打到家门口，我们不得已而用兵。以出奇制胜、出其不意的方法用兵战胜敌人，这样可以减少伤亡。

第五十七章　福祸相倚

【繁体原文】

其政闷闷，其民屯屯。其政察察，其邦夬夬。祸，福之所倚；福，祸之所伏。孰知其極？其無正也，正復為畸，善復為妖。人之迷也，其日固久矣。是以方而不割，兼而不刺，直而不絏，光而不眺。（引自《帛书〈老子〉甲本》《帛书〈老子〉乙本》《汉简本〈老子〉》互补、合校）

【简体】

其政懵懵①，其民屯屯②。其政察察，其邦夬夬③。祸，福之所倚；福，祸之所伏；孰知其极？其无正也，正复为畸，善复为妖。人之迷也，其日固久矣。是以方④而不割，兼而不刺，直而不泄⑤，光而不眺。

【注释】

①懵（xì）：意指细致地管理好自己的门内之事。

②屯：聚居、团结。

③夬（guài）：奇怪、分决、离散。

④方：方方正正，指有威望。

⑤泄：乙本作"绁"（xiè），缠绕。

【正解】

当政者首先细致入微地管理好自己、家人、执政团队，然后才能管理好天下，他管理的民众才会安定、团结。当政者给老百姓制定了很多法律，对老百姓查得很严，老百姓就会感觉很奇怪、不舒服，他的邦国就有分裂、崩溃的危险。祸之中依存着福，福之中潜伏着祸，哪一个人能把它们完全看透呢？当政者没有正心，好事也会走偏，畸形发展；伪善复原了妖邪的本来面目。人们内心的迷惑已经很久了。所以当政者要有威望而不要太过分，以免造成国家分裂；兼顾大多数人的生活福祉而不造成相互伤害；允许言论自由，而不是拐弯抹角地去发泄；有更耀眼的地方而不眺望、不羡慕、不移民。

【助解】

福祸相倚：福和祸没有绝对清晰的边界，是可以相互转化的；只有适可而止才能化险为夷、因祸得福，保持平静的生活。

老子的平等、自由、民主的治国思想，比西方的早了千年多，只可惜由于许多人没有读懂老子，或者是皇权独裁的力量太强大了，压制住了人们寻求民主、平等、自由的力量。所以导致皇权独裁，能在中国存在两千多年。

第五十八章　天人取啬

【繁体原文】

治人事天莫若啬。夫唯啬，是以蚤服。蚤服是謂重積德。重積德，則無不克。無不克，則莫知其極。莫知其極，可以有國。有國之母，可以長久。是謂深根固柢，長生久視之道也。（引自《帛书〈老子〉甲本》《帛书〈老子〉乙本》《汉简本〈老子〉》《楚简本〈老子〉》互补、合校）

【简体】

治人事天莫若啬①。夫唯啬，是以蚤②服。蚤服是谓重积德。重积德，则无不克。无不克，则莫知其极③。莫知其极，可以有国。有国之母，可以长久。是谓深根固柢，长生久视之道也。

【注释】

①啬：爱惜、珍惜、节俭、吝啬，它们的意思并

不矛盾，都是对人和物的珍惜。上天对万物"啬"却无法约束人类，因为人类有了智慧，所以人类就需要主动去过节俭的生活。

②蚤：指有活力、有能力的人。

③极：数量的极限。

【正解】

想治理好人间事最高明的方式就是效法天道的珍惜、节俭。人只有懂得珍惜、节俭，那些有能力的人才会归往臣服。人才臣服，要重视积累他们的道德。拥有强大的道德信仰的力量，则没有攻克不了的人心。天下人心归往，则无法估计他们数量的极限。人们不断地归往，不知他们还有多少，才需要成立大的国家（小邦已经无法管理了）。有成立国家的需要和根基，这样的国家才可以长久，这就是深根固基、长生久视的方法和规律。

【助解】

天人取啬：天道和人道都应该取守珍惜，节俭。

老子在五千言中一直告诫我们要效法天道、顺自然而为，不要为了一己私利用物欲去迷惑他人。

第五十九章　立道不伤

【繁体原文】

治大國若亨小鮮，以道立天下，其鬼不神。非其鬼不神也，其神不傷人也。非其申不傷人也，聖人亦弗傷也。夫兩不相傷，故德交歸焉。（引自《帛书〈老子〉甲本》《帛书〈老子〉乙本》《汉简本〈老子〉》互补、合校）

【简体】

治大国若亨①小鲜，以道立天下，其鬼不神。非其鬼不神也，其神不伤人也。非其申②不伤人也，圣人亦弗③伤也。夫两不相伤，故德交归焉。

【注释】

①亨：亨通，如财运亨通。

②申：意指由内心向外伸展。

③弗：这里是无缘无故、不必要的意思。

【正解】

治理大国就像放养小鱼、小虾，要疏通他们畅游的通道。以天道设立天下人的行为准则，其中心怀鬼胎的人不敢再故作神秘。不是这些人不敢故作神秘，而是人们已经了解了他们的真相，所以那些看似神秘的事物不能再迷惑人、伤到人。并不是心怀鬼胎者由内心伸展出来（自发）的不伤害他人，而是以道立天下的正气压住了邪恶的风气，圣人也就不会无缘无故受到伤害。有道和无道的人不再相互伤害，所以他们的德行，会交流融合于大道上。

【助解】

立道不伤：立天道为人类的行为准则，才能不相互伤害、不祸害万物、不破坏地球环境。

"圣人亦弗伤也"，圣人与世无争，一般不会受到伤害，但是在无道战乱的年代，很多人是平白无故被杀死的。在以道立天下的时代，圣人才不会无缘无故受到伤害，好人才会有好报。

老子也在提醒人们"害人之心不可有，防人之心不可无"。

第六十章　大邦滋下

【繁体原文】

大邦者，下流也，天下之牝也。天下之郊也。牝恒以靚勝牡，為其靚也，故宜為下。大邦以下小邦，則取小邦。小邦以下大邦，則取於大邦。故或下以取，或下而取。故大邦者，不過欲兼畜人；小邦者不過欲入事人。夫皆得其欲，則大者宜為下。

（引自《帛书〈老子〉甲本》《帛书〈老子〉乙本》《汉简本〈老子〉》互补、合校）

【简体】

大邦者，下流①也，天下之牝②也，天下之郊③也。牝恒以靓④胜牡，为其靓也，故宜为下。大邦以下小邦，则取小邦。小邦以下大邦，则取于大邦。故或下以取，或下而取。故大邦者，不过欲兼畜人；小邦者不过欲入事人。夫皆得其欲，则大者宜为下。

【注释】

①下流：向下影响、滋养。

②牝：雌性、母亲。

③郊：草木丰盛的郊外。

④靓：安静又长得好看。

【正解】

大的邦国向下影响、帮助小国，大邦国应该做天下的母亲，天下的兴盛之地。雌性一直以安静让雄性臣服，所以适合影响、帮助雄性（而不是以高高在上的姿态主宰、命令雄性）。大国影响、帮助小国，才可以让小国自动归顺；小国顺从大国，则可以从大国取得利益。所以，或帮助小国取得小国信任，或顺从大国获取利益。因此大国的人不要有过分的要求，兼培养小国之人；小国的人不要有过分的要求，进入大国做事养家人。他们双方都能获得自己所需要的东西，所以大国应该影响、帮助小国。

【助解】

大邦滋下：向下滋养小国。拿什么滋养？首先是思想、理念。现代话说"价值观"，小国认同了大国的价值观，大国才提供物质上的帮助。大国若高高在上，采取强硬态度去对待小国，容易引发混乱、战争，祸害天下百姓。所以老子要"大国宜为下"。

第六十一章　人类之葆

【繁体原文】

　道者，萬物之注也，善人之葆也，不善人之所葆也。美言可以市，尊行可以賀人。人之不善也，何棄之有？故立天子，置三卿，雖有共之璧以先駟馬，不善坐而進此。古之所以貴此者，何也？不謂求以得，有罪以免輿，故

为天下貴。（引自《帛书〈老子〉甲本》《帛书〈老子〉乙本》《汉简本〈老子〉》互补、合校）

【简体】

道者万物之注①也，善人之葆②也，不善人之所葆也。美言可以市，尊行可以贺人。人之不善也，何弃之有？故立天子、置三卿，虽有共③之璧以先驷马，不善坐而进此。古之所以贵此者，何也？不谓求以得，有罪以免舆④，故为天下贵。

【注释】

①注：注入、进入。

②葆：同"保"，保护者、保护神。

③共（gǒng）：圆形中间有孔的玉器；共之璧：指大而珍贵的玉；四马：即驷马，四匹马拉的车辆。

④舆：意为车辆，车辆走过的痕迹，这里指不要再犯错。

【正解】

道是万物进入的地方，善人的保护神，不善人将

要成为"道"所保护的对象。美妙的言语可以在市井
中流传，尊敬人的行为可以恭贺别人，赢得他人的赞誉。
人之所以不善良是有原因的，有什么理由抛弃他们呢？
所以要树立人是上天之子的理念，由三位德高望重的
长者处理事务。虽有上等的碧玉没有用于装饰宫殿，
而是先建造四匹马拉的车辆，不善之人坐车进入此地。
古人之所以重视这样做，为什么呢？不是说以此求得
什么获利，而是帮助曾经有罪过的人，经过三位长者
们的教育，避免以后再犯错。所以这种做法在当今天
下显得很可贵。

【助解】

人类之葆："道"是人类的保护神。

立天子：树立人类是天神之子的思想道德、行为
规范。

不善人能否成为"道"所保护的对象，就看不善
人以后怎么为人处世。

第六十二章　为大于细

【繁体原文】

　　為無為，事無事，味無味。大小多少，報怨以德。圖難乎其易也，為大乎其細也。天下之難作於易，天下之大作於細。是以聖人冬不為大，故能成其大。夫輕若必寡信，多易必多難。是以聖人猶難之，故終於無難。（引自《帛书〈老子〉甲本》《帛书〈老子〉乙本》《汉简本〈老子〉》《楚简本〈老子〉》互补、合校）

【简体】

　　为无为，事无事，味无味。大小多少，报①怨以德。图难乎其易也，为大乎其细也。天下之难作于易，天下之大作于细。是以圣人冬不为大，故能成其大。夫轻若②必寡信，多易必多难。是以圣人犹③难之，故终于无难。

【注释】

①报：是做给他们看的意思。

②轻若：也作"轻诺"，轻率的许诺、行事。

③犹：相似，犹如。

【正解】

把正确的思想、人类的走向当作一生的作为，做传播正确思想、正确信仰的事，日常生活不追求美味。权力的大小，造就财富分配的多寡。以平静的生活、健康的身体、长寿的生命和那些争名夺利之人做对比，就叫"报怨以德"。想做难事，要从容易的地方入手；想做大事，应当从小事做起。所以圣人不会在冬季这个闭藏的季节，大费周章地去做事，这样会得不偿失。顺着自然之道做事，所以能成就大的功绩。男人轻率的许诺、行事，必然很难守住诚信。认为事情很容易就能做到，在实践中必然会遇到很多困难。所以圣人将所要做的事当作难事，认真地去做，因此一生都没有什么事能难倒他。

【助解】

为大于细：想要成就大的功绩，要从细小之事做起。

甲本原作"冬不为大"，其他本作"终不为大"，终身不为大而成其大，显然很矛盾，所以甲本的"冬不为大"更通顺。

第六十三章　未兆易谋

【繁体原文】

其安也，易持也。其未兆也，易謀也。其脆也，易判也。其微也，易散也。為之於其未有也，治之於其未亂也。合抱之木生於毫末，九層之臺作於羸土，百仞之高始於足下。（引自《帛书〈老子〉甲本》《帛书〈老子〉乙本》《汉简本〈老子〉》《楚简本〈老子〉》互补、合校）

【简体】

其安也，易持也；其未兆①也，易谋也；其脆也，易判^②也；其微也，易散也。为之于其未有也，治之于其未乱也。合抱之木生于毫末，九层之台作于羸土^③，百仞^④之高始于足下。

【注释】

①兆：预兆、苗头。

②判：割断、分解。

③羸（léi）土：小土堆；羸：本意瘦小、瘦弱。

④仞：古代长度单位，周制八尺、汉制七尺。

【正解】

事物安定的时候，容易控制；事物还没有出现变化兆头的时候，容易谋划预防；事物在脆弱时，容易分解；事物在微小时容易驱散。处理事情要在它还没有壮大成形时，当机立断；想治理好国家，要在没有发生动乱时做好预防、消除隐患。合臂环抱的大树，初生发芽时也就毫末细小；九层高的楼台也是由小土堆垒积起来的，百尺高的地方也是由双足一步步登上去的。

【助解】

未兆易谋：事物还没有出现变化兆头的时候，容易谋划预防。天道是，"弹而善谋"，人道效法天道，所以要"未兆预谋"。

"为之与其未有也"还可以理解为：想有所作为，要做时下没有的产业，就是创新。不过这与老子倡导的"不敢为天下先"相矛盾，所以这是我的理解。

第六十四章　慎终若始

【繁体原文】

為之者敗之，執之者失之。是以聖人無為也，故無敗也；無執也，故無失也。民之從事也，恒於其成事而敗之。故慎終若始，則無敗事矣。是以聖人欲不欲而不貴難得之貨；學不學而復眾人之所過，能輔萬物之自然，而弗敢為。（引自《帛書〈老子〉甲本》《帛書〈老子〉乙本》《汉简本〈老子〉》《楚简本〈老子〉》

互补、合校）

【简体】

为之者败之，执之者失之。是以圣人无为也，故无败也；无执也，故无失也。民之从事也，恒于其成事而败之。故慎终若始，则无败事矣。是以圣人欲不欲^①而不贵难得之货；学不学^②而复众人之所过，能辅万物之自然，而弗敢为。

【注释】

①欲不欲：该欲的欲，不该欲的不欲。

②学不学：对环境、万物有益的要学，破坏万物环境的不学。

【正解】

主观、妄想作为的人会失败，固执、勉强把持的人会失去的更多。因此，圣人顺其自然，不胡作非为，所以没有失败。不固执地去强求什么，也就不会失去什么。民众做事情，长久认真去做就可以成事，反而就会失败。因此谨慎地对待将要完成的事，如同开始那样认真就不会失败。所以圣人的追求不是世俗之人的欲望，而不看重难以得到的货物；学习感悟自然之道，不学习破坏万物环境的知识，而反复审视众人所走过之路的正确性，能辅助万物的自然生存繁衍，去伪存真才敢作为。

【助解】

谨终若始：谨慎地对待将要完成的事，如同开始那样认真就会从成功走向成功。

"弗"字在五千言中多次使用，说明当时的社会环境已经很堕落了。人们很难辨别真伪，被假象迷惑。当今的社会，除了堕落以外还有破坏、污染，比两千多年以前有过之而无不及。

所以要读懂老子的五千言，几个关键字必须完全了解，就是"道德经常用字解释"，要灵活地理解、运用它们。

第六十五章　不知之德

【繁体原文】

　　故曰：為道者非以明民也，將以愚之也。民之難治也，以其知也。故以知知邦，邦之賊也。以不知知邦，邦之德也。恒知此兩者，亦稽式也。恒知稽式，此謂玄德。玄德深矣，遠矣，與物反矣，乃至大順。（引自《帛书〈老子〉甲本》《帛书〈老子〉乙本》《汉简本〈老子〉》互补、合校）

【简体】

　　故曰：为道者非以明民也，将以愚①之也。民之难治也，以其知也。故以知知邦，邦之贼也。以不知知邦，邦之德也。恒知此两者，亦稽式②也。恒知稽式，此谓玄德。玄德深矣，远矣，与物反矣，乃至大顺。

【注释】

①愚：纯朴、诚实、节俭。

②稽：停留、固定；式：样式、法则。

【正解】

所以说行天道者、传播自然之道者，不是教会民众求取名利和破坏环境的知识；而将它们变得纯朴、节俭、顺应自然之道去生活。民众之所以难以治理，是因为他们求取名利的知识、能力太多了。因此，以肤浅的知识去看待一个国家，会给国家带来很多祸患。所以不要功利的知识，而是要民众"回归自然"，让民众认识到"顺应自然"对国家环境的重要性，是这个国家、民族的福祉和道德。一直认知这两者的利弊，也是一种法则。一直认知、运用这样的法则就是有形万物普遍遵循的道德。万物顺应自然，根基就会深厚，生命才会长远，与追求功利的物欲相反，才能够达到天下大同、安定和顺的生存境界。

【助解】

不知之德：不以功利的知识，而是要民众"回归自然"去认识"节俭、纯朴"对国家环境的重要性，是这个国家、民族的福祉和道德。

在当今这个知识爆炸的社会，再去愚民、去洗脑是行不通的。在当今社会要"明民"，就是要让民众明白顺应自然之道的重要性，只有顺应自然之道，人类和万物才可以长生久视。

第六十六章　以下为王

【繁体原文】

江海所以能為百浴王，以其能為百浴下，是以能為百浴王。是以聖人之在民前也，而以身後之；其在民上也，而以言下之。其在民前也，民弗害也，其在民上也，民弗重也。天下樂進而弗詀也。以其不諍，故天下莫能與之諍！（引自《帛書〈老子〉甲本》《帛書〈老子〉乙本》《汉简本〈老子〉》《楚简本〈老子〉》互补、合校）

【简体】

江海所以能为百浴王，以其能为百浴下，是以能为百浴王。是以圣人之在民前①也，而以身后之；其在民上也，而以言下之。其在民前也，民弗害也，其在民上也，民弗重也，天下乐进②而弗詀③也。以其不诤④，故天下莫能与之争！

【注释】

①民前：引领民众前进，即人民的领袖。

②进：推荐、拥护。

③詀（zhàn）：议论、诋毁。

④诤：争论，逞口舌之能。

【正解】

江海之所以能成为数百条河流汇集的地方，是因它处于河流之下的位置，所以能为百浴王。因此，圣人之所以能引领民众前进，做人民的领袖，是因他把自身的享受放在民众之后；他的地位虽在民众之上，但言语时刻关心着下层民众。他作为民众的领袖，民众在思量之后不感到害怕。他的地位在民众之上，民众的负担也不沉重。天下的民众乐于拥护他，而不是用一些绯闻诋毁他。因此，他不逞口舌之能，不与人争名夺利，所以天下没有人能与他相争。

【助解】

以下为王：以有益于他人和万物的实际行动去影响和帮助别人，才有资格做真正的王者。

这一章的"下"字，与"大邦者，下流也"的"下"，是一个意思。就是当权者以你的实际行动去影响、帮助民众，而不是以"高高在上的姿态"发号施令，只说一些空洞的、不切实际的话。

第六十七章　小国寡民

【繁体原文】

小國寡民，使十百人之器毋用，使民重死而遠徙。

有車舟無所乘之，有甲兵無所陳之。使民復結繩而用之。甘其食，美其服，樂其俗，安其居。鄰邦相望，雞狗之聲相聞，民至老死不相往來。（引自《帛书〈老子〉甲本》《帛书〈老子〉乙本》《汉简本〈老子〉》互补、合校）

【简体】

小国寡民：使十百人之器毋用，使民重死而远徙①。有车舟无所乘之，有甲兵无所陈②之，使民复结绳而用之。甘其食，美其服，乐其俗，安其居。邻邦相望，鸡犬之声相闻，民至老死不相往来。

【注释】

①徙：迁移。
②陈：排列、部署。

【正解】

小的邦国、人口少的民族。即使有各种各样的器具，却并不使用；使民众看重死亡的威胁而远出

迁移谋生。有车辆、船只不去乘坐，有身披铠甲的
士兵也不部署，使民众重新使用手工编结的绳索。
美味的食用着适合自己的食物，穿着合体的衣服，
延续着自己民族的习俗，安然地居住在所到之处。
相邻的邦国可以看得见，鸡狗的叫声相互可以听到。
外出谋生的民众年老时选择落叶归根，不再往来于
他国。

【助解】

小国寡民：当时的国家环境是几个大的邦国打得
不可开交，而周边偏远的一些小邦国却没有战争，老
百姓过得比较安定。

无所：没必要的意思；所：居所。国家太小人口少，
很容易被大国吞并，所以没必要。

"老死不相往来"的寓意是：不被他国的名利、物
欲所迷惑，能守住自己的初心。

第六十八章　圣人无积

【繁体原文】

信言不美，美言不信。知者不博，博者不知。善者不多，多者不善。聖人無積，既以為人己俞有；既以予人矣，己俞多。故天之道，利而不害；人之道，為而弗爭。（引自《帛書〈老子〉甲本》《帛書〈老子〉乙本》《漢簡本〈老子〉》互補、合校）

【简体】

信言不美，美言不信。知者不博，博者不知。善者不多，多者不善。圣人无积，既以为人己俞①有；既以予人矣，己俞多。故天之道，利而不害；人之道，为而弗争。

【注释】

①俞：通愈，更加、越来越。

【正解】

真实可信的言语往往不会美妙动听，美妙动听的言语不一定可信。真正有知识的人不要求面面俱到、博而不精，知识面广的人不一定有真才实学。善良的人不会拥有太多财富，占有太多财富的人会失去善良。圣人不会积蓄太多财富。能以人的姿态生活在这个世界上，已经是很大的拥有了；既然能给予他人帮助，说明自己会越来越多。所以天之道是：让万物有所获得而不伤害它们。为人之道是：顺应自然去作为而不过分争名夺利。

【助解】

圣人无积：圣人没必要积累过多的财富。除了人类，其他物种都不会积累多余的财富。

能以人的姿态活在这个世界上，真的是很幸运的事。看看其他物种吧，它们活得多艰难？吃不饱饭，甚至有天敌在追杀它们。

第六十九章　吾恒三宝

【繁体原文】

天下皆謂我大，大而不宵。夫唯大，故不宵。若宵，細久矣。我恒有三，葆之，一曰慈，二曰儉，三曰不敢為天下先。夫慈，故能勇；儉，故能廣；不敢為天下先，故能為成事長。今舍其慈且勇，舍其儉且廣，舍其後且先，則必死矣。夫慈，以戰則勝，以守則固。天將建之，女以慈垣之。（引自《帛书〈老子〉甲本》《帛书〈老子〉乙本》《汉简本〈老子〉》互补、合校）

【简体】

天下皆谓我大，大而不宵①。夫唯大，故不宵。若宵，细久矣。我恒有三，葆之，一曰慈②，二曰俭③，三曰不敢为天下先。夫慈，故能勇。俭，故能广。不敢为天下先，故能为成事长。今舍其慈且勇，舍其俭且广，舍其后且先，则必死矣。夫慈，以战则胜，以守则固。天将建之，女以慈垣④之。

【注释】

①宵：夜晚，意指昏昧、昏昏欲睡。

②慈：细致、周密、慈爱。

③俭：节俭、检点。

④垣（yuán）：本指墙，这里指后盾、支持、帮助的意思。

【正解】

天下人都说我博学有道，有道而不昏昧。人只有修道行道，才能做到不昏昧，如果昏昧不明道理，是一直把蝇头小利看得太重了。我一直保持着三个良好原则：一是细致、周密、慈爱，二是节俭、检点，三是不敢违背自然之道、不去破坏万物生存的环境。人只有做到细致、周密，才能真正勇敢；做到检点、节俭，才能得到天下人的拥护；不破坏环境，才能使万物兴旺、长久。今天如果舍弃细致、周密，而且逞勇敢，那是鲁莽；舍弃检点、节俭，且结交天下，他们多是为私利而来；舍弃顺应自然这种看似落后的生活方式，而且与天下人争夺名利，则必将遭遇死亡的威胁。人细致、周密的行事态度，用在战争上就能取得胜利；用在防守上就能固不可破。天意、民心，将重新建立正常的生活，女人将以细致、周密、慈爱的本性做男人的后盾，去支持、帮助男人。

【助解】

吾恒三宝：我恒久地保持着三个良好原则，这三个原则给我带来了健康、平安、幸福，所以这三个原则是珍贵的宝贝。

老子用了五千言来陈述"道"，重要的思想就是"无为"。在日常生活中怎样才能做到"无为"呢？就是"一曰慈，二曰俭，三曰不敢为天下先"。在生活中无法实行的理论，都是空谈。单说不练等于没说，还不如不说。

第七十章　用人之道

【繁体原文】

善為士者不武，善戰者不怒，善勝敵者弗與，善用人者為之下。是謂不諍之德，是謂用人，是謂天古之極也。（引自《帛書〈老子〉甲本》《帛書〈老子〉乙本》《汉简本〈老子〉》互補、合校）

【简体】

善为士者不武，善战者不怒，善胜敌者弗与①，善用人者为之下②，是谓不诤之德。是谓用人，是谓天古之极也。

【注释】

①与：参与、给予，意指谈判、给予诱饵。

②下：这里指潜移默化的影响、帮助。

【正解】

善于行天道之人，不会轻易使用武力；善于作战之人不会被对方的言语激怒；善于战胜敌人的谋士会恰当地谈判、使用诱饵。善于用人者不会高高在上地发号施令，而是潜移默化地影响和帮助别人，就是拥有不争论、不逞口舌之能的优良品德，就是善于用人，也就是说开天辟地时我们的祖先总结出的最正确的用人理念。

【助解】

用人之道：成就大的功绩需要用人，要用遵循天道之人，其中也有一定的规律和方法。

文字的出现也就五千年上下，之前的人类是怎么延续优良的传统呢？就是口传身授、心领神会。就是说在开天辟地时，我们的祖先就是以口传身授、心领神会的方式延续优良的传统。

第七十一章　用兵为客

【繁体原文】

用兵有言曰：吾不敢為主而為客，吾不進寸而退尺。是謂行無行，攘無臂，執無兵，乃無敵矣。禍莫大於無適，無適斤亡吾葆矣。故稱兵相若，則哀者勝矣。引自《帛书〈老子〉甲本》《帛书〈老子〉乙本》《汉简本〈老子〉》互补、合校）

【简体】

用兵有言曰：吾不敢为主而为客，吾不进寸而退①尺。是谓行无行②、攘无臂、执③无兵，乃无敌矣。祸莫大于无适④。无适斤亡吾葆矣。故称兵相若⑤，则哀者胜矣。

【注释】

①退：倒退、失去。

②行无行（xíng wú háng）：行军时不留脚印。

③执：指挥。

④无适：没有做到适可而止。

⑤称：相当、相等；若：对面、对立。

【正解】

善于用兵者留下这样的言语：我不敢主动攻击别人，而是敌人侵略我们时，我们逼不得已反击。我不敢轻率地为了前进一寸而实际倒退、失去得更多。这就是行军时不留痕迹、攻击时不见手臂，指挥军队作战却让敌人无法确定我们的军队在哪里，就是天下无敌了。祸患没有比不知足、不知道适可而止造成的后果更大了。没有了适可而止的态度，变得贪得无厌、攻城略地、夺取财物，几斤难以得到的货物就弃亡了我所保持、倡导的三个优良原则。因此，实力相当的两支军队对战，则哀思、愤怒的一方能够取得胜利。

【助解】

用兵为客：敌人侵略我们时，我们逼不得已用兵反击、保家卫国。

这一章，老子告诉我们善于用兵者，他指挥的军队像天降的神兵一样来无踪、去无影，速战速决，击退敌人。还要懂得适可而止，不可轻视敌人，要做到果而不强，打仗要打正义之战。

第七十二章　暮能知行

【繁体原文】

吾言甚易知也，甚易行也；而人莫之能知也，莫之能行也。言有君，事有宗。夫唯無知也，是以不我知。知我者希，則我貴矣。是以聖人被褐而懷玉。（引自《帛书〈老子〉甲本》《帛书〈老子〉乙本》《汉简本〈老子〉》互补、合校）

【简体】

吾言甚易知也，甚易行也；而人莫①之能知也，莫之能行也。言有君②，事有宗，夫唯无知③也，是以不我知。知我者希，则我贵矣。是以圣人被褐而怀玉。

德 论

【注释】

①莫：古同"暮"意指入静后认真思考感悟。

②君：意指先人的教化。

③知：这里是动词，感悟的意思。

【正解】

我讲的话很容易理解，也很容易实行；而普通人入静后认真地感悟才能够理解，感悟了才愿意去实行。言语都有先人的教化，行事的准则有祖宗的榜样可以参照，而不去破坏"环境"这个根本。人们因为没有认真去感悟，所以不了解我对万物的认知和我所讲的话。能了解我的人太少了，显得我可贵，所以圣人被世俗之人看得很平常而腹中怀藏着宝玉。

【助解】

暮能知行：太阳落山后盘腿打坐以达到入静的状态，认真去思考、感悟老子说的"道"，感悟了才能够实行。

被功名财富和世俗之欲迷惑太深的人，没有悟道、修道的想法，所以把"圣人"当作笑谈。

第七十三章　知不知尚

【繁体原文】

知不知，尚矣。不知不知，病矣。是以聖人之不病，以其病病也，是以不病。（引自《帛书〈老子〉甲本》《帛书〈老子〉乙本》《汉简本〈老子〉》互补、合校）

【简体】

知不知，尚矣①。不知不知，病矣。是以圣人之不病，以其病病②也，是以不病。

【注释】

①尚：尚有，还有。不是高尚的意思。

②病病：多次疾病和痛苦。

【正解】

认识到自己不得天道，也认识到自己没有认真去感悟天道，尚有得"道"的机会。没有认识到自己的不道无知，就会给自己的将来造成很多病灾。圣人之所以不生病灾，是因为他经历过多次疾病、痛苦的折磨而不敢再逆天道行事，所以不病。

【助解】

知不知尚："尚"如果理解成高尚的话，那么天下人大多数都是高尚之人，显然很荒唐。

第七十四章　民畏大畏

【繁体原文】

民之不畏畏，則大畏將至矣。毋闸其所居，毋厭其所生。夫唯弗厭，是以不厭。是以聖人自知而不自見也，自愛而不自貴也。故去彼取此。（引自《帛书〈老子〉甲本》

《帛书〈老子〉乙本》《汉简本〈老子〉》互补、合校）

【简体】

民之不畏畏①，则大畏将至矣。毋闸②其所居，毋厌其所生。夫唯弗厌，是以不厌。是以圣人自知而不自见也，自爱而不自贵也。故去彼取此。

【注释】

①畏：畏惧、威胁、恐吓。
②闸（zhá）：封闭、限制。

【正解】

民众如果不畏惧威胁、恐吓，则令人畏惧的强大力量将要到来。不要限制他们的自由，不要厌烦他们的生活；当权者只有去伪存真地去纠正他们的生活方式，才能做到相互不厌恶。所以圣人应当有自知之明，而不是固执己见地去威胁民众，能够自爱而不自认高贵。因此应当去除固执己见、自我表现、自视高贵，取守自知、自爱、自然之道。

【助解】

民畏大畏：老百姓如果经常感到恐惧、害怕，他们就会起来反抗，说明这个国家非常混乱，大的威胁将要到来。

当权者厌恶老百姓，反过来老百姓也会厌恶当权者。当权者不首先反省自己，而是一味地指责老百姓，挑老百姓的毛病，只能使问题越来越糟糕。

第七十五章　疏而不失

【繁体原文】

勇於敢者則殺，勇於不敢則栝。此兩者或利、或害，天之所惡，孰知其故？天之道，不戰而善勝，不言而善應，不召而自來，彈而善謀。天網袿袿，疏而不失。（引自《帛书〈老子〉甲本》《帛书〈老子〉乙本》《汉简本〈老子〉》互补、合校）

【简体】

勇于敢者则杀，勇于不敢则栝①。此两者或利、或害，天之所恶，孰知其故？天之道，不战而善胜，不言而善应，不召而自来，弹②而善谋。天网恢恢，疏而不失。

【注释】

①栝（tiǎn）：本指拨火棍，这里指谋求平安的生活。
②弹：射击、攻击。

【正解】

勇气足胆量大的人敢去杀戮，勇气不足胆量小的人只会谋求平安的生活。这两种人或者对社会有利，或者对社会有害，两者都是天道所厌恶的，谁知道其中的缘故呢？天道的规律是：不争战而善于取得胜利，不用命令而善于回应，不召唤而万物自己归来，行动攻击而善于提前谋划。天道像渔网一样博大、包容，看似疏漏但不会失去平衡、公正。

【助解】

疏而不失：只有悟得天道的人，才能做到疏而不失。也许上半辈子过得比较坎坷、艰难，但是下半辈子会过得比较平静，能够享清福。实现你心中所想的那种平衡、公正。

为什么两者都是天道所厌恶的呢？勇敢者杀戮成习惯的话，对普通民众的危害很大，他违背了天道的"不战而善胜"。不敢者，对无缘无故将要伤害他的人也不敢反抗。因为不敢者没有细致、周密的心性，没有天道的"弹而善谋"。这两者都违背天道，所以上天对这两种人都厌恶。

第七十六章　死囚人权

【繁体原文】

若民恒是不畏死，奈何以殺懼之也？若民恒是死，則而为者，吾將得而殺之，夫孰敢矣？若民恒是必畏死，则恒有司殺者。夫伐司殺者殺，是伐大匠斲也。
夫伐大匠斲者，则希不傷其手矣。（引自《帛书〈老子〉
甲本》《帛书〈老子〉乙本》《汉简本〈老子〉》互补、
合校）

【简体】

若民恒是不畏死，奈何以杀惧之也？若民恒是死，
则而为者，吾将得而杀之，夫孰敢矣？若民恒是必畏死，
则恒有司①杀者。夫伐②司杀者杀，是伐大匠斫③也。夫
伐大匠斫者，则希不伤其手矣。

【注释】

①司：主持、主管、操作。
②伐：本意讨伐、征伐，这里是命令、驱使的意思。
③斫（zhuó）：用刀、斧砍。

【正解】

如果民众一直不畏惧死亡，还怕什么，你以杀戮
恐吓他们？假如民众只有死路一条，而胡作非为的

人，我将得而杀之，看这些无道残忍的人们哪一个再敢？如果一定要民众畏惧死亡，就会一直有主管杀戮之事的人。无道的昏君下令主管杀戮之事的人去杀人，也就是下令刀斧手去砍人。官僚下令刀斧手去砍死囚的脑袋，则很少能做到不伤死囚的手或者其他部位。

【助解】

死囚人权：这一章的标题没有用原文，现代社会死囚有了人权，以前在皇权时代老百姓也没有人权，别说一个死囚了。

这一章以前多数人的解释是：下令砍人的人，会伤到自己的手，意指杀人一千自损八百，这样理解太勉强了。更通顺的解释是刀斧手有意无意伤害将要被砍头的人。因为在皇权时代普通人也没有人权，更别说一个将要被砍头的死囚。

杀人一千自损八百有没有道理？当然有道理，但是报应来得不会那么快，也许在几代人以后。

第七十七章　重税不治

【繁体原文】

人之飢也，以其取食稅之多也，是以飢。百姓之不治也，以其上有以為也，是以不治。民之輕死，以其求生之厚也，是以輕死。夫唯無以生為者，是賢貴生。（引自《帛書〈老子〉甲本》《帛書〈老子〉乙本》《汉简本〈老子〉》互补、合校）

【简体】

人之饥也，以其取食税之多也，是以饥。百姓之不治也，以其上有以为也，是以不治。民之轻死，以其求生之厚也，是以轻死。夫唯无以生①为者，是贤②贵生。

【注释】

①生：生活的种种欲望。
②贤：贤明。

【正解】

人们之所以饥饿，是由于他们要拿出太多的粮食交税，所以会饥饿。百姓之所以不好治理，是由于百姓上面的官僚以一己私心胡作非为，所以不好治理。民众之所以轻视死亡，是由于他们求生的愿望太强烈了；求生无望，横竖都是死，所以会轻视死亡。人唯有不是以过多的欲望一生作为者，才是贤明、珍爱自己生命的人。

【助解】

重税不治：过重的税负不可能治理好国家。

苛政猛于虎

苛政：包括苛刻的政令、繁重的赋役等；苛：苛刻，暴虐。

《礼记》中有这样一个故事：孔子路过泰山脚下，有一个妇人在墓前哭得很悲伤。孔子扶着车前的横木听妇人的哭声，让子路前去问那个妇人。子路问道："您这样哭，实在像是连着有几件伤心事似的。"（妇人）就说："没错，之前我的公公被老虎咬死了，后来我的丈夫又被老虎咬死了，现在我的儿子又死在了老虎口中！"孔子问："那为什么不离开这里呢？"（妇人）回答说："（这里）没有残暴的政令。"孔子说："年轻人要记住这件事，苛刻残暴的政令比老虎还要凶猛可怕啊！"

第七十八章　柔弱生之

【繁体原文】

人之生也柔弱，其死也蓓韧賢强。萬物草木之生也柔脆，其死也枯槁。故曰：堅强者，死之徒也；柔弱微細，生之徒也。兵强則不勝，木强則恒。强大居下，柔弱微細居上。（引自《帛書〈老子〉甲本》《帛書〈老子〉乙本》《汉简本〈老子〉》互补、合校）

【简体】

人之生也柔弱，其死也蓓韧贤强①。万物草木之生也柔脆,其死也枯槁②。故曰:坚强者,死之徒也;柔弱微细,生之徒也。兵强则不胜,木强则恒。强大居下,柔弱微细居上。

【注释】

①葆(gèn):绷紧、拉紧;仞:通韧,柔软又结实;贤:崇尚。

②枯槁:干枯,树叶脱落。

【正解】

人之所以生命能够长存,是因为懂得守柔守弱;其处于死地,是由于他崇尚强硬而紧绷着自己(拼命争斗)。万物草木之所以生命兴旺,是因为柔脆;其死亡是由于枯萎、叶子脱落。所以说,坚挺强硬者是趋向死亡的,柔弱细微者是趋向生存的。用兵强攻则不是真正的胜利(意指人们内心不接纳你)。树木过于坚实则难以生长,强大的事物开始走下坡路,柔弱细微的事物正值向上生长的时期。

【助解】

柔弱生之：柔弱细微者顽强求生，寻求强大是万物的天性。

成吉思汗、忽必烈凭着铁骑横扫欧亚大陆，但是强大的元朝不到百年就灭亡了，这就是"兵强则不胜"，胜利也只是昙花一现。老百姓内心接纳你，你高高在上的地位，才可以保得住。

"强大居下，柔弱细微居上"还可以理解为：强大者为人处事要以你的行动，影响和帮助别人；柔弱细微者上进是万物的天性。

第七十九章　损余补缺

【繁体原文】

天之道，猶張弓者也。高者抑之，下者舉之；有餘者損之，不足者補之。故天之道，損有餘而益不足。人之道則不然，損不足而奉有餘。孰能有餘而有以取奉於天者乎？唯有道者也！是以聖人為而弗有，成功而不居也。若此，其不欲見賢也。（引自《帛書〈老子〉甲本》《帛书〈老子〉乙本》《汉简本〈老子〉》互补、合校）

【简体】

天之道，犹张弓者也。高者抑①之，下者举之；有余者损之，不足者补之。故天之道，损有余而益不足。人之道则不然，损不足而奉有余。孰能有余而有以取奉于天者乎？唯有道者也！是以圣人为而弗有，成功而不居也。若此，其不欲见②贤也。

【注释】

①抑：压抑，按下。
②见（xiàn）：表现。

【正解】

天之道就像张开弓瞄准一样，高过目标就压低些，低于目标就举高些；有余者减损它，不足者补充它。所以天之道减损有余者而补益不足者，人之道却不是这样的，减损贫穷不足者而去奉养富有积余者。谁能够将多余的财物拿出来奉献给天下那些贫困不足的人呢？唯有行天道之人。所以圣人的作为是用于造福天下，成就人们的辛劳而不居功享受。若是如此，他不想表现自己的贤能。

【助解】

损余补缺：天道减损有余者补益不足者，是为了维持万物之间的平衡，使万物都能长生久视。

老子告诉我们：行天道的圣人若要有作为，就去成就人们的辛劳，造福天下百姓；顺应天道，以辅自然。

第八十章　正言若反

【繁体原文】

天下莫柔弱於水，而攻堅強者莫之能勝也，以其無以易之也。水之勝剛，弱之勝強，天下莫弗知也，而莫之能行也。故聖人之言雲曰：受邦之詬，是謂社稷之主；

受邦之不祥，是谓天下之王。正言若反。（引自《帛书〈老子〉甲本》《帛书〈老子〉乙本》《汉简本〈老子〉》互补、合校）

【简体】

天下莫①柔弱于水，而攻坚强者莫之能胜也，以其无以易②之也。水之胜刚，弱之胜强，天下暮③弗知也，而暮之能行也。故圣人之言云④曰：受邦之诟⑤，是谓社稷之主；受邦之不祥，是谓天下之王。正言若反。

【注释】

①莫：没有。

②易：改变、替代。

③暮：太阳落山后叫"暮"。古时没有电灯，太阳一落山人们活动就少了，准备休息。意指人入静后认真思索、感悟。原文作莫（mù），这里为了一目了然改为"暮"。

④云：这样、如此。

⑤诟（gòu）：耻辱、辱骂。

【正解】

天下没有比水更柔弱的东西了。而攻破坚固强大的物体，没有什么东西能胜过它，因为水没有什么东西可以改变它的本性。水能够胜过坚固的物体，柔弱能够胜过强大的事物。天下人经过冷静认真地思考以后得出正确的结论，因而就会认真去实行。所以圣人的话这样说：能够承受国家的耻辱，就有资格做国家社稷的主人；受命于国家危难之时，带领民众阻止混乱不详，恢复正常的生活，就是天下的王者。正面的言语好像需要从反面论证。

【助解】

正言若反：经过反复的反面推敲、论证的言语，才是真正正确的言语。

繁体原文中的"莫"都读（mò）的话，"天下莫弗之也，而莫能行也"这句话可以这样理解：天下人不是没有这个理性的认知，而是没有人愿意去实行。

老子的五千言就是：真金不怕火炼，真相不怕污蔑，真理不怕论辩。

第八十一章　和怨以道

【繁体原文】

　和大怨，必有餘怨，焉可以為善？是以聖人右介而不以責於人。故有德司介，無德司徹。夫天道無親，恒與善人。（引自《帛书〈老子〉甲本》《帛书〈老子〉乙本》《汉简本〈老子〉》互补、合校）

【简体】

　和大怨，必有余怨，焉可以为善？是以圣人右介①而不以责于人。故有德司介，无德司彻②。夫天道无亲，恒与善人。

【注释】

　①右：指挥，保留强硬的意思。参考第三十一章兵者不祥中"右"的解释；介：介入调解，兼顾两方面的利益和诉求。

②司：操作，采取；彻：意指行动、彻底解决。

【正解】

用和稀泥的方式调解大的怨恨，必定还有未能消除的余怨。这样怎么可以称为是真正的善举呢？所以圣人要保留强硬的方式介入处理问题，而不以权势指责人。因此，对于有德的双方采取折中平衡的方式；对于无德、无理取闹之人采取强制的措施，彻底解决问题。人们啊！天道没有亲近、偏袒谁，一直陪同着善于行天道之人。

【助解】

和怨以道：只有以天道调和大的怨恨，才不会失去公平、公正。

不是一开始就采取强硬的措施，而是采取各种善意、温和的方式都无济于事时，在公平和公正的前提下，最后逼不得已采取强硬的措施。要遵循前文的"天网恢恢，疏而不失"。

后 记

老子八十一章，上下关联、前后贯通就很容易理解了。第三章的"虚其心、实其腹"和第十六章的"致虚极也、守中笃也"的"虚"字是一个意思，从吃饭七分饱到长时间的辟谷。第三章的"虚其心、实其腹"，第十二章的"为腹不为目"，第二十章"吾欲独异于人而贵食母"都是用什么"为腹"呢？难道就是肤浅地填饱肚子吗？不是的。而是以"道"修为自己的心腹，从"道"中获得滋养。第二十二章的"炊者不立"和第二十九章的"或炅、或炊"的"炊"都指万物中只有人类要生火做饭。不炊者就可以长久地立于天地之间，能享受"孤寡不穀"，孤单、寡欲、不食人间烟火带来得清闲、安逸。把这几章联系起来。老子在引导我们从低处走向高处，就是《黄帝内经》中所讲的从圣人逐渐走向至人、真人的高境界。圣人吃饭七分饱，至人长时间的辟谷，真人不食人间烟火才可以"寿敝天地"。

第四、五、六、七章相互之间都有联系。第四章"道"是蓄势待发的，所以才会有第五章的动而俞出。第六章的浴神不死，也就是环境不被破坏，第七章天地、人类、万物才可以天长地久。反过来，天地之间的环境不被破坏，"道"才能"蓄势待发"，才会"动而俞出"。

第二十八、二十九、三十、三十一章都相互关联，二十八章积累了大量财富的人，有了夺取天下的野心，招兵买马，准备夺取天下。二十九章老子告诉他，天下是个神圣的器物，不是可以为所欲为的。三十章讲坐拥天下者也不能以兵逞强于天下。三十一章老子告诉大家，人当兵组成军队，说明要打仗了，不是吉祥的国家机器。等等相互关联的章节，这里就不再一一罗列。

现代人类的生活很依赖工具，离不开种种外物。各种商品琳琅满目，走在大街上广告传单应接不暇，电视、网页广告铺天盖地，到处都是欲望的诱惑。有些商品是人们根本不需要的，但是有些不法商家为了一己私利，用广告狂轰滥炸，诱导人们去消费。实质就是制造垃圾、破坏环境、污染水资源、污染空气罢了。

保护环境，我们应该做些什么呢？使用布袋，使用各种藤条编的篮子、筐子，尽量不使用塑料袋。提倡步行、骑自行车、乘坐公共汽车；尽量少使用一次性用品，自备餐盒——减少白色污染。拒绝过分包装，双面使用纸张，节约用纸。随手关闭水龙头，一水多用；不用"清洁可饮用的自来水"冲厕所，把日常用过的水积蓄起来，以冲厕所。随手关灯，节约用电，使用节能型灯具；早睡早起，少看电脑、电视。自己不吸烟，奉劝别人少吸烟，尽量少饮酒，最好戒酒。反对奢侈、简朴生活，垃圾分类回收，参与环保宣传，举报环境污染，做环保志愿者。

参考书目

［1］张骏龙.《帛书老子通解》［M］. 扬州：广陵书社，2013 年版.

［2］高明.《帛书老子校注》［M］. 北京：中华书局，1998 年版.

［3］许抗生.《帛书老子注译与研究》［M］. 浙江：浙江人民出版社，1985 年版.

［4］梁海明.《老子》［M］. 山西：山西古籍出版社，1999 年版.

［5］任继愈.《老子新译》［M］. 上海：上海古籍出版社，1980 年版.

［6］朱谦之.《老子校释》［M］. 北京：中华书局，1984 年版.

［7］陈涛.《老子》［M］. 云南：云南人民出版社，2011 年版.

［8］金涛.《老子·庄子》［M］. 北京：外文出版社，2013 年版.

身体
空间
阴物
在黑
辱雌
有为
有之玄

神灵
时间
阳心
知白
荣雄
无为
无之玄

有

无